スピード攻略！

英検®準2級

一問一答

&

予想模試

英検®は、公益財団法人 日本英語検定協会の登録商標です。

JN016048

成美堂出版

本書の使い方

　本書は，Part 1の前に各大問の出題形式にかかわらず重要な文法事項・熟語・表現を確認できる「頻出文法・熟語・表現」を収録しています。Part 1以降では，本試験の各大問の形式で練習問題を収録しています。

●**頻出文法・熟語・表現**　英検®でよく出る文法事項，熟語，表現を，空所補充問題，語句整序問題の形式で収録してあります。

赤シートで解答と解説を隠して取り組むことができます。

●**Part 1以降**　各パートでは，それぞれの大問の形式と傾向・対策(リスニングは除く)のほかに，実際の問題を解くうえでポイントとなる考え方や注意点をまとめてあります。練習問題に取り組む前によく読んで，それぞれの大問について理解を深めましょう。

各大問の設問形式と傾向を押さえましょう。

基本的な対策を理解しましょう。

考え方や注意すべき点を確認しましょう。

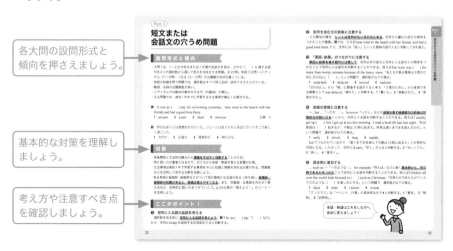

●練習問題　各大問の形式と同じ形式の練習問題, 解答・訳・ポイントが掲載されています。

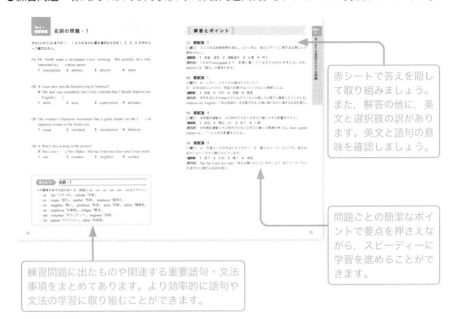

赤シートで答えを隠して取り組みましょう。また, 解答の他に, 英文と選択肢の訳があります。英文と語句の意味を確認しましょう。

練習問題に出たものや関連する重要語句・文法事項をまとめてあります。より効率的に語句や文法の学習に取り組むことができます。

問題ごとの簡潔なポイントで要点を押さえながら, スピーディーに学習を進めることができます。

別冊について

　別冊には, 一次試験予想模試が2回分収録されています。問題形式も問題数も実際の試験と同じなので, 本試験と同じ試験時間でチャレンジしてみましょう。

　リスニング問題は1問ごとに音声を聞くこともできます。模試を一通り終えたら, 1問単位で音声を聞き取る練習にも使うことができます。

　別冊付属の解答用紙を使って, マークシート方式の解答にも慣れておきましょう。

本番のつもりで模試に取り組みましょう!

Contents

準２級頻出文法・熟語・表現　　10

Part 1
短文または会話文の穴うめ問題 （大問１）

Part 2
会話文の穴うめ問題 （大問２）

Part 3
長文の穴うめ問題 （大問３）

Part 4
長文の内容に関する問題 （大問４）

成美堂出版発行の英検®対策書
お買い上げのお客様へ

　2023年11月に，実用英語技能検定のリニューアルが発表されました。2024年6月の第1回検定 (S-CBTは5月実施分) から，英検®の1級，準1級，2級，準2級，3級の試験のライティング問題に新しい形式の問題が追加されます。これに伴い，準2級の筆記試験の問題数と試験時間が下記のとおり変更されます。リスニング問題，準1級を除く二次試験については，変更はありません。変更されるのは一部ですので，本書掲載の問題の解き方・テクニックは試験制度変更後も引き続き，お使いいただけます。

準2級の変更内容

	大問	変更内容
1	短文の穴うめ問題	問題数が20問から15問に削減。
2	会話文の穴うめ問題	変更なし。
3	長文の穴うめ問題	大問数が2題から1題に削減。
4	長文の内容に関する問題	変更なし。
5	ライティング	Eメールへの返信を書く問題 (Eメール問題) が追加。

・ライティングに追加されるEメール問題は，外国人の知り合いから送られたEメールへの返信を40〜50語程度で書く問題です。従来の形式 (意見論述問題) は変更ありません。

・ライティング問題は，Eメール問題→意見論述問題の順に出題されます。

筆記試験の試験時間

ライティング問題の変更に伴い，従来の75分から80分に変更されます。

※試験の変更点，ライティング試験の詳細については英検®ウェブサイトでご確認ください。

※英検®は，公益財団法人 日本英語検定協会の登録商標です。

本書は，原則として2023年3月1日の情報に基づいて編集しています。

準2級受験ガイド

●準2級のめやす

　準2級のレベルは高校中級程度です。日常生活に必要な英語を理解し，使用できることが求められます。

〈審査領域〉

　読む……日常生活の話題に関する文章を理解することができる。

　聞く……日常生活の話題に関する内容を理解することができる。

　話す……日常生活の話題についてやりとりすることができる。

　書く……日常生活の話題について書くことができる。

●内容・形式

一次試験・筆記

大問1	短文または会話文の穴うめ問題（20問） 短文または会話文を読み，文脈に合う適切な語句を補う。
大問2	会話文の穴うめ問題（5問） 2〜4往復程度の会話文を読み，会話文中の空所に適切な文や語句を補う。
大問3	長文の穴うめ問題（5問） 物語文や説明文を読み，パッセージの空所に，文脈に合う語句を選ぶ。
大問4	長文の内容に関する問題（7問） Eメールや説明文を読み，その英文の内容に関する質問などに答える。
大問5	ライティング（1問） ある英語の質問に対して，自分の意見とその理由を書く。

一次試験・リスニング

第1部	会話の最後の発話に対する応答として最も適切なものを補う問題（10問） 会話を聞き，会話の最後の発話に対する最も適切なものを選ぶ。
第2部	会話の内容に関する質問に答える問題（10問） 会話を聞き，会話の内容に関する質問に答える。
第3部	短いパッセージの内容に関する質問に答える問題（10問） 物語文や説明文を聞き，その内容に関する質問に答える。

●英検®（従来型）日程

　一次試験（本会場）　第1回　6月　　第2回　10月　　第3回　翌年1月

※上記は基本的な実施月です。試験は年に3回実施されます。

※二次試験は一次試験のおよそ1か月後に実施されます。

※各回の正確な申込期間・日程は英検®ウェブサイトでご確認ください。

●受験資格

受験資格に制限はありません。ただし，目や耳・肢体などが不自由な方は特別措置がありますので，申請期間を確認し，英検ウェブサイトより申請してください。

●成績

スピーキング，リスニング，リーディング，ライティングの4技能について，それぞれスコアならびにCEFRレベルが出されます。

準2級の合格基準スコア　一次試験1322／二次試験406

（満点は各技能・二次試験それぞれ600）

※スコアは各回の全答案採点後に統計的手法によって算出されるため，受験者が自分の正答数でスコアを算出することはできません。

●一次試験免除

1～3級の一次試験に合格し，二次試験を棄権または不合格になった人に対して，一次試験免除制度があります。申込時に申請をすれば，一次試験合格から1年間は一次試験が免除され，二次試験から受けることができます。検定料は，一次試験を受ける場合と同様にかかります。

●英検S-CBT

実用英語技能検定準1級，2級，準2級，3級で，コンピューターで4技能すべてを1日で受験する方式の英検S-CBTが原則毎週実施されています。従来型の英検®，英検S-CBTのどちらの方式でも，合格すれば同じ資格が得られます。英検S-CBTは同一検定回で同じ級を2回受験でき，英検®（従来型）との併願が可能です。英検S-CBTも一次試験免除で申し込むことができます。

●問い合わせ

公益財団法人 日本英語検定協会

〒162-8055　東京都新宿区横寺町55番地

TEL　03-3266-8311

英検®サービスセンター（個人受付）

（平日9:30～17:00　土・日・祝日を除く）

英検®ウェブサイト　https://www.eiken.or.jp/eiken/

試験に関する情報は，変更される場合があります。受験前に必ず英検®ウェブサイトで詳細を確認しましょう！

●CDについて

　本書には，Part 6のリスニング問題，Part 7の二次試験，一次試験予想模試用の音声を収録したCDを付属しています。以下を参照して，各問題と対応するトラック番号の音声を再生してください。

トラック番号	収録内容
CD 2 ～ CD 31	Part 6　リスニング第1部，第2部，第3部
CD 32 ～ CD 35	Part 7　二次試験・面接
CD 36 ～ CD 65	一次試験　予想模試第1回
CD 66 ～ CD 95	一次試験　予想模試第2回

※本書付属のCDのトラック番号 CD 1 では，CDに収録されている
　内容が紹介されています。

付属CDは問題を解く以外にも，音声を使ったシャドーイング（音声について発音をまねる）やディクテーション（音声を聞いて書き取る）の練習をすることができます。ぜひ活用して学習に生かしてください。

準2級頻出文法・熟語・表現

ここでは，準2級でよく出る文法事項，熟語，表現をチェックします。
日本語の内容を表す英文になるように（　）に適する語を入れる問題と，語句を並べかえる問題があります。解答が赤文字で示されていますので，赤シートをかぶせて取り組みましょう。

準2級 頻出文法・熟語・表現

準2級でよく出る文法事項，熟語，表現を繰り返し練習して身につけましょう。
※付属の赤シートで答えを隠して取り組みましょう。

●重要文法事項　（　　）に適する語を入れましょう。

1 メグは音楽を聞きながら食器洗いをした。
Meg washed the dishes, (listening) to music.
解説 付帯状況を表す分詞構文。

2 ボブは18歳だが，まるで子供のようにふるまう。
Bob is eighteen, but he behaves (as) (if) he (were) a child.
解説 仮定法過去の文。as if 〜「まるで〜のように」。※ if の代わりに though も可。

3 その貧しい少女は成長して偉大な政治家になった。
The poor girl grew up (to) (be) a great politician.
解説 結果を表す副詞的用法の不定詞。

4 エマは決して嘘をつかない。そういうわけで私は彼女を信頼している。
Emma never tells a lie. (That's) (why) I trust her.
解説 関係副詞の why。That's why 〜「そういうわけで〜」。

5 ブラウン先生は私たちに，宿題としてたくさんの英語の本を読ませた。
Mr. Brown (made) us (read) a lot of English books as homework.
解説 〈make＋O＋動詞の原形〉「Oに〜させる」。

6 ラニに会ったときには，私はインドに住んでから何年も経っていた。
I (had) (lived) in India for years when I met Rani.
解説 継続を表す過去完了の文。

7 私が幼いころ，両親は私の欲しいものは何でも買ってくれた。
When I was small, my parents bought me (whatever) I wanted.
解説 目的格の複合関係代名詞。whatever「〜するものは何でも」。

8 ジャックは新車を買うために夜遅くまで働いた。
Jack worked until late at night (in) (order) to buy a new car.
解説 in order to 〜「〜するために」。

9 飛行機でニューヨークまで行くのに500ドルかかった。
(It) cost 500 dollars to fly to New York.
解説 形式主語の it。cost「（金額が）〜かかる」。cost - cost - cost と変化する。

10 その俳優が重病だといううわさは本当であるはずがない。
The rumor that the actor is seriously ill (cannot) (be) true.
解説 cannot「〜のはずがない」。※短縮形 can't も可。

11 タクシーにスマートフォンを置き忘れるなんて，あなたは不注意でしたね。

It was careless (of) (you) to leave your smartphone in the taxi.

解説 It is ～ to …の文。「～」に人の性質を表す形容詞がくるとき，不定詞の主語は〈of＋人〉で表す。

12 庭のある家に住んでいたら，大きな犬を飼うのに。

If I (lived) in a house with a garden, I (would) (have) a big dog.

解説 仮定法過去の文。Have の代わりに keep も可。

13 山中はとても寒かった。もっと厚着をするべきだった。

It was so cold in the mountains. I (should) (have) (worn) more clothes.

解説 〈should have ＋過去分詞〉で非難・後悔を表す。

14 厨房では30人分の食事を準備中だ。

Meals for thirty people are (being) (prepared) in the kitchen.

解説 受動態の進行形。

15 たとえ私がその会社の社長でも，あの男は雇わないだろう。

(Even) (if) I were the president of the company, I wouldn't hire that man.

解説 仮定法の文。even if の後には事実と異なる内容が続く。

16 コーチの助言を聞いていれば，あなたたちは試合で負けることはなかっただろうに。

If you (had) (listened) to your coach's advice, you wouldn't (have) (lost) the game.

解説 仮定法過去完了の文。

17 あなたは初めて日本に来た日のことを覚えていますか。

Do you remember the day (when) you came to Japan for the first time?

解説 関係副詞の when。

18 マギーはみんなに子犬の写真を見せたに違いない。

Maggie (must) (have) (shown) her puppy's picture to everyone.

解説 〈助動詞＋完了形〉の形。過去のことについての推量を表している。

19 来月で私がロンドンに住んで3年になる。

I (will) (have) (lived) in London for three years next month.

解説 未来完了の文。来月まで3年間続いている状態を表している。

20 異文化への知識を深められるよう，あなたは留学すべきだ。

You should study abroad (so) (that) you can gain more knowledge about different cultures.

解説 目的を表す so that。

21 その時計は高価だが，買う価値がある。

(Even) (though) the watch is expensive, it's worth buying.

解説 even though の後には事実が続く。worth ～ing「～する価値がある」。

22 リンダは昼食を食べてからずっとテレビを見ている。

Linda (has) (been) (watching) TV since she had lunch.

解説 現在完了進行形の文。

23 お部屋までお荷物を私に運ばせてください。

(Let) me (carry) your baggage to your room.

解説 〈let＋O＋動詞の原形〉「Oに～させてやる」。

24 テッドはその仕事の面接を受けないことにした。

Ted decided (not) (to) have that job interview.

解説 不定詞の否定形。toの前にnotやneverを置く。

25 ポールの母親は息子に部屋を片付けるように言い続けているが，彼は決してしようとしない。

Paul's mother keeps telling her son to clean his room, but he (won't) do it.

解説 will not「どうしても～しようとしない」。

26 彼の言うことを真に受けない方がいい。

You had (better) (not) take him seriously.

解説 had better「～した方がよい」の否定形。

27 彼らは私たちの学校をまた訪れることを楽しみにしています。

They're looking forward (to) (visiting) our school again.

解説 look forward to ～ing「～することを楽しみに待つ」。

28 急行電車を逃してしまった。もっと早く，家を出ていればよかった。

I missed the express train. I wish I (had) (left) home earlier.

解説 実現されなかったことへの願望を表す仮定法過去完了の文。

29 その歌は様々な場面で歌われてきた。

The song (has) (been) (sung) in various scenes.

解説 受動態の現在完了。

30 ジュディは新しい仕事に就いたと言ったが，それは嘘だった。

Judy said that she had gotten a new job, (which) was a lie.

解説 前の文の内容を受ける非制限用法の関係代名詞。

31 何を注文したらよいかわからず，私はウェイターを呼んだ。

(Not) (knowing) what to order, I called the waiter.

解説 否定の分詞構文。

●**重要文法事項** （　　）内の語句を正しく並べかえましょう。

※（　　）の中では，文のはじめにくる語も小文字になっています。

1 ホールにいる人全員に聞こえるくらいの大声で話しなさい。

Speak (be / by / to / loudly / heard / everyone / enough) in the hall.

解答 loudly enough to be heard by everyone

解説 〈enough to＋動詞の原形〉「～するくらい…，～するのに十分…」。

2 この辺りに昔病院があったと思うのですが。

I think (a hospital / to / there / around / used / be) here.

　解答　there used to be a hospital around

　解説　〈used to ＋動詞の原形〉「(以前は) ～だった，よく～したものだ」。

3 ソフィーは，正しく箸を使うのが難しいとわかった。

Sophie (to / found / difficult / use / it / chopsticks) correctly.

　解答　found it difficult to use chopsticks

　解説　形式目的語の it。

4 パリは，多くの芸術家が生まれた都市である。

Paris is (born / a city / many / in / that / were / artists).

　解答　a city that many artists were born in

　解説　先行詞 the city は in の目的語。

5 私はどこで財布を盗まれたのかわからない。

I don't (I / my / where / stolen / had / wallet / know).

　解答　know where I had my wallet stolen

　解説　〈have ＋ O ＋過去分詞〉「O を～される，O を～してもらう」。

6 教授は腕組みをして机に向かっていた。

The professor was (folded / his desk / at / his arms / sitting / with).

　解答　sitting at his desk with his arms folded

　解説　〈with ＋名詞＋状態を表す語句〉「～を…(の状態)にして」。

7 エアコンが効いていないようだ。

(is / that / seems / working / it / not / the air conditioner) well.

　解答　It seems that the air conditioner is not working

　解説　It seems that ～「～のように思われる」。

8 ロボットと一緒に働くことになろうとは，全く想像していなかった。

(imagine / I / would / never / did / work / I) with robots.

　解答　Never did I imagine I would work

　解説　倒置の文。

9 日本の家は小さすぎて住めないという外国人もいる。

Some foreigners say (to / too / live / Japanese houses / in / are / small).

　解答　Japanese houses are too small to live in

　解説　too ... to ～「～するには…すぎる」。

10 メアリーは，私に自分のラケットを使うように言ったのを覚えていなかった。

Mary didn't (use / remember / her / me / racket / telling / to).

　解答　remember telling me to use her racket

　解説　remember ～ing「(過去に)～したのを覚えている」，remember to ～「(これから)～するのを覚えている，忘れずに～する」。

●重要熟語 　（　　）に適する語を入れましょう。

動名詞〈動詞の〜ing形〉を含むイディオム

1 ここでバスを待っても無駄だ。

It is (no) (use) waiting for the bus here.

2 その小説は読む価値がある。

This novel is (worth) (reading).

3 私たちはその男性を気の毒に思わずにはいられなかった。

We couldn't (help) (feeling) sorry for the man.

> **解 説** cannot help 〜ing ＝〈cannot help but ＋動詞の原形〉

不定詞〈to ＋動詞の原形〉を含むイディオム

4 まず初めに，計画の概要を説明します。

(To) (begin) with, I will explain the outline of the plan.

5 言うまでもないが，あなたが私たちのリーダーだ。

(Needless) (to) say, you are our leader.

6 実を言うと，エミリーは日本食が好きではない。

To (tell) the (truth), Emily doesn't like Japanese food.

7 あなたはここで待っていさえすればよい。

(All) you (have) to do is (to) wait here.

> **解 説** 後のtoは省略可。名詞的用法のto不定詞がbe動詞の補語になるとき，toは省略できる。

比較表現を含むイディオム

8 私は彼女にまったく怒っていない。

I'm not (in) the (least) angry with her.

9 彼はもはや切手集めに興味がない。

He's (no) (longer) interested in collecting stamps.

10 デイビッドはそのチャンスを逃すほど愚かではない。

David knows (better) (than) to miss the chance.

11 私は今週，10本もの映画を見た。

I saw no (less) (than) ten movies this week.

> **解 説** no less than 〜「〜もの」⇔ no more than 〜「〜しか」

12 公園には少なくとも30人の子供たちがいた。

There were (at) (least) thirty children in the park.

助動詞を含むイディオム

13 あなたはすぐに彼女に謝った方がよい。

You may (as) (well) apologize to her quickly.

14 今日は出かけるよりはむしろ，家にいたい。

I (would) (rather) stay home (than) go out today.

解説 would rather ～ than ... 「…するよりはむしろ～したい」。

15 あなたのお父さんが怒るのももっともです。彼の大切な花瓶を割ったんですから。

Your father (may) (well) be angry. You broke his treasured vase.

解説 may well 「～するのももっともだ」。

接続詞（的表現）を含むイディオム

16 ジャックはどんなに忙しくても，毎日日記をつける。

No (matter) (how) busy Jack is, he keeps a diary every day.

17 道に迷ったときに備えて，地図を持って行くべきだ。

You should take a map with you (in) (case) you get lost.

18 あなたが家に戻るまでには，夕飯の支度ができているだろう。

Dinner will be ready by (the) (time) you come home.

19 私が知る限りでは，彼女は最高のテニス選手だ。

As (far) (as) I know, she's the best tennis player.

動詞を含むイディオム

20 その小さな男の子は，母親の腕の中で眠りに落ちた。

The little boy (fell) (asleep) in his mother's arms.

21 その試合は大雪のために中止された。

The game was (called) (off) because of heavy snow.

22 あなたはきっと新しいクラスメイトとうまくやっていくだろう。

I'm sure you'll (get) (along) (with) your new classmates.

23 ジョンはまだ決心を固めていないようだ。

It seems that John hasn't (made) (up) his (mind) yet.

解説 make up one's mind ＝ decide

24 詩を暗記するのは難しい。

Learning poems (by) (heart) is difficult.

25 ミーティングを今度の月曜日まで延期しましょう。

Let's (put) (off) the meeting till next Monday.

解説 put off ＝ postpone

26 彼女は病気を克服すると約束した。

She promised to (get) (over) her illness.

27 インターネットでその音楽家を調べてみます。

I'll (look) (up) the musician on the Internet.

28 あなたが早歩きすると，私は追いつくことができない。

I can't (catch) (up) (with) you if you walk fast.

29 その情報はいんちきであるとわかった。

The information (turned) (out) to be false.

30 私たちはパスワードを盗まれないようにする必要がある。

We need to prevent our passwords (from) (being) stolen.

31 私は駅のそばで旧友に偶然会った。

I (came) (across) my old friend by the station.

32 難しい手術が成功した。

The difficult operation (resulted) (in) success.

33 早朝に大きな地震が起こった。

A big earthquake (took) (place) early in the morning.

34 帰宅途中で車がガソリン切れになった。

The car (ran) (out) (of) gas on the way home.

> 解説 run short of 〜だと「〜が不足する」という意味。

35 ある研究グループが，睡眠に関する調査を実施した。

A research team (carried) (out) a survey about sleep.

36 スマートフォンは私たちの生活に多くの変化をもたらした。

Smartphones have (brought) (about) many changes in our lives.

37 そのチームは15歳から18歳の学生からなっている。

The team (consists) (of) students from 15 to 18 years of age.

> 解説 consist of 〜＝be made up of 〜

be動詞を含むイディオム

38 その土地は野菜の栽培に向いている。

The land is (suited) (for) growing vegetables.

39 日本食は健康に良いとよく言われる。

Japanese food is often (said) (to) (be) good for our health.

40 その国では，家族のために働くことを強いられる子供たちもいる。

In the country, some children (are) forced (to) work for their families.

> 解説 〈force＋目的語＋to＋動詞の原形〉「〜に…させる」を受動態で用いた形。

前置詞を含むイディオム

41 彼は決して親切な人間ではない。

He is (by) (no) (means) a kind person.

解 説 by all means「何としてでも」。

42 そのチョウはすぐに見えなくなった。

The butterfly soon went out (of) (sight).

43 私は急いで朝食を食べた。　I ate breakfast (in) a (hurry).

44 あなたの考え方は時代遅れだ。

Your way of thinking is (out) (of) (date).

45 彼は決して他人の言うことを聞かない。言いかえれば，自分勝手だ。

He never listens to others. (In) (other) words, he's selfish.

46 あなたの計画を詳細に説明してくれますか。

Can you explain your plan (in) (detail)?

47 子供たちは一斉に走り出した。

The children started to run (all) (at) (once).

48 私の代わりに弟がこの仕事をする。

My brother will do this work in (my) (place).

49 あなたの努力は無駄ではなかったと思う。

I don't think your efforts were (in) (vain).

50 彼はわざと遅れたのかもしれない。

He may have been late (on) (purpose).

解 説 on purpose⇔by mistake「間違えて」

51 その冷蔵庫は故障中だ。

The refrigerator is (out) (of) (order).

52 あなたの計画を前もって私に知らせてください。

Let me know your plan (in) (advance).

53 彼らはたやすくその問題を解決した。

They solved the problem (with) (ease).

54 最大の努力にもかかわらず，私は試合に勝てなかった。

In (spite) (of) my best efforts, I wasn't able to win the game.

その他の重要イディオム

55 そのレストランではさまざまな料理を楽しむことができる。

You can enjoy a (variety) (of) dishes at the restaurant.

56 コンサートは台風のため中止となった。

The concert was canceled (due) to the typhoon.

57 あなたはときどき休んだ方がいい。

You had better take a break (once) in a (while).

●重要表現　( )に適する語を入れましょう。

提案・勧誘・申し出・助言

1 明日買い物に行きませんか。— いいですね。

(Why) (don't) we go shopping tomorrow? — Sounds great.

2 ステージの上で歌いませんか。— とんでもない。歌は苦手です。

Would you like to sing on stage?

— (No) (way). I'm bad at singing.

3 いくつか質問させてください。

(Let) (me) ask you some questions.

4 いつでも遠慮なく電話してください。

Please feel (free) (to) (call) me anytime.

依頼・希望

5 この箱を運んでいただけませんか。— いいですよ。

Would you (mind) carrying these boxes?

— Not (at) (all).

6 彼に折り返し電話をするように言ってくださいませんか。— もちろんです。

(Could) (you) tell him to call me back? — Certainly.

解説 Would you 〜?も同じ意味。ていねいな依頼を表す。

7 お願いがあるのですが。

Will you (do) me (a) (favor)[May I (ask) you a favor]?

— 何ですか。　— What is it?

— 明日あなたの自転車を私に貸してくれませんか。

— (Will) (you) lend me your bike tomorrow?

— もちろん。／お貸ししたいのですができません。

— Of (course). / I'd like to, but I (can't).

解説 Will you 〜? = Can you 〜?　依頼を表す。

8 もっと長く日本にいられたらいいのに。

I (wish) I (could) stay in Japan longer.

許可を求める

9 窓を開けてもいいですか。— もちろんです。

(May) (I) open the window? — Certainly.

10 ラジオをつけてもいいですか。

Do you (mind) (if) I turn on the radio?

— かまいません。／つけないでいただけたらうれしいです。

Of course (not). / I'd rather you didn't.

> **解説** mindを使って許可を求める表現。許可する場合はno, notなど否定語を使う。

意見・感想を聞く

11 人工知能についてどう考えますか。

What do you (think) of AI?

12 彼の提案についてどう思いますか。

How do you (feel) (about) his proposal?

13 そのミュージカルはどうでしたか。— すばらしかったです。

(How) did you (find) the musical?

— I found it amazing.

電話で話すときの表現

14 ブラウンさんをお願いします。

— 申し訳ありません。彼は別の電話に出ています。

May I (speak) (to) Mr. Brown?

— I'm sorry, he is on (another) (line).

15 彼に（あなた宛てに）かけ直させましょうか。— はい，お願いします。

Would you like him to (call) you (back)?

— Yes, please.

16 どちら様でしょうか。

May I (ask) (who's) calling, please?

17 伝言をお願いできますか。— もちろんです。どうぞ。

May I (leave) a (message)?

— Certainly. Go (ahead).

> **解説** 「伝言を残す」はleave a message，「伝言を受ける［預かる］」はtake a message。

18 少々お待ちいただけますか。

Could you (hold) (on) for a second?

食事のときに使う表現

19 ホットドッグのおかわりはいかがですか。

— いいえ，けっこうです。私はおなかがいっぱいです。

Would (you) (like) to have another hot dog?

— No, thank you. I'm full.

20 ご注文をうかがってもよろしいですか。— ええと，おすすめは何ですか。

May I (take) your (order)?

— Well, what do you recommend?

21 卵サンドとオレンジジュースをお願いします。

— こちらでお召し上がりますか，それともお持ち帰りですか。

I'd like an egg sandwich and an orange juice.

— (For) here or (to) go?

22 お勘定でございます。 Here's your (check), sir.

旅行や交通機関に関する表現

23 すみません，千葉駅行きのバスはこれでいいですか。

Excuse me, is this the (right) bus for Chiba Station?

24 空港から名古屋駅へ行くバスがあるかご存じですか。

Do you know (if) there is a bus (from) the airport (to)
Nagoya Station?

25 チェックインしたいのですが。 I'd like to (check) (in).

26 ご予約されていますか。 Do you (have) a (reservation)?

体調・病院に関する表現

27 予約をしたいのですが。

— かしこまりました。いつお出でになりたいですか。

I'd like to (make) an (appointment).

— Sure. When would you like to come in?

28 のどが痛いです。 I have a (sore) (throat).

29 毎食後にこの薬を飲んでください。

Please (take) this (medicine) after each meal.

Part 1

短文または会話文の 穴うめ問題（大問１）

大問１は短文や１往復の会話文中の空所に適する語句を選ぶ問題。語い力と文法力が問われる。

短文または
会話文の穴うめ問題

設問形式と傾向

- 大問1は，1～2文の短文または1往復の会話文を読み，文中の（　）に適する語句を4つの選択肢から選んで英文を完成させる問題。全20問。単語（10問）→イディオム（7～8問）→文法（2～3問）の出題順がほぼ定着している。
- 単語の知識を問う問題では，選択肢はすべて同じ品詞・語形でそろえられている。
- 動詞，名詞の出題頻度が高い。
- イディオムでは動詞の働きをする句（句動詞）が頻出。
- 文法問題では，高校1年までに学習する文法事項が幅広く出題される。

例 It was an (　　) day for swimming yesterday. Jane went to the beach with her friends and had a good time there.

1 ancient　　**2** exact　　**3** ideal　　**4** obvious　　　　　　正解　**3**

訳 昨日は泳ぐには理想的な日だった。ジェーンは友人たちと浜辺に行ってそこで楽しく過ごした。

1 古代の　　**2** 正確な　　**3** 理想的な　　**4** 明らかな

対策

- 前後関係と文法的な観点から**適語をすばやく判断する**ことが大切。
- 特に語い力が重要となるので，日ごろから単語・熟語を覚える習慣が必要。
- 文法事項は高校1年で学習する事項を中心に知識と理解を深める必要がある。問題集などを活用して苦手な分野を克服しよう。
- ある単語に接頭辞・接尾辞などがついて別の意味になる語がある（派生語）。**接頭辞・接尾辞の知識があると，単語は覚えやすくなる。**また，同意語・反意語を合わせて覚えるなど，効率的に語い力をつけていこう。p.24以降の「覚えよう！」のコーナーを活用しよう。

ここがポイント！

❶ 空所に入る語の品詞を考える

選択肢を見る前に，**空所に入る品詞を考えよう。例**では, an (　　) day「（　　）な日」から，空所にはdayを説明する形容詞が入ると判断する。

❷ 空所を含む文の前後に注意する

2文構成の場合，**ヒントは空所がない方の文にある。**空所から離れた部分の意味をつかむことが重要。**例**では，2文目Jane went to the beach with her friends and had a good time there.から，空所には「良い」といった意味の語が入ると判断して**3**を選ぶ。

❸ 「原因-結果」のつながりに注意する

原因と結果を表す語句に注意して，空所以外の部分と空所に入る語句との関係をつかむことで空所に入る語句を判断することができる。例えばOur train was (　　) for more than twenty minutes because of the heavy snow.「私たちが乗る電車は大雪のために20分以上（　　）」という問題で，選択肢が以下の場合。

1 surprised　　**2** delayed　　**3** moved　　**4** realized

「20分以上」から「時」に関連する語が入ると考え，「大雪のために」から推測できる事態としてwas delayed「遅れた」と判断する。**1**「驚いた」，**3**「移動された」，**4**「実現された」。

❹ 逆接の表現に注意する

～, but ...「～だが，…」，however「しかし」などの**逆接を表す接続語句の前後は対照的な内容になる**ことから，空所に入る語を判断することができる。例えばI usually get up (　　), but I got up at ten this morning. I read a book till late last night.「私は普段は（　　）起きるが，今朝は10時に起きた。昨夜は遅くまで本を読んだのだ」という問題で，選択肢が以下の場合。

1 early　　**2** slowly　　**3** long　　**4** rapidly

butでつながれているので，「遅くまで本を読んで今朝は10時に起きた」と対照的な内容になる。したがって，空所にはearly「早く」が入ると判断する。**2**「ゆっくりと」，**3**「長く」，**4**「素早く」。

❺ 具体例に着目する

... such as ～「～のような…」，for example「例えば」などに続く**具体例から，何の例であるかをつかむ**ことで空所に入る語を判断することができる。例えばChildren all over the world look forward to (　　) such as Christmas.「世界中の子供たちがクリスマスのような（　　）を楽しみにする」という問題で，選択肢が以下の場合。

1 facts　　**2** rules　　**3** visitors　　**4** events

「クリスマス」は「イベント，行事」の具体例なので**4**と判断する。**1**「事実」，**2**「規則」，**3**「訪問者」。

> 単語・熟語は工夫をしながら，
> 貪欲に覚えましょう！

次の(1)から(4)までの（　　）に入れるのに最も適切なものを1，2，3，4の中から一つ選びなさい。

(1) Mr. Smith reads a newspaper every morning.　But actually, he's only interested in (　　) about sports.

1 instruments　　**2** athletes　　**3** articles　　**4** ideas

(2) A: Leon, how was the business trip to America?

B: The deal was completed, but I fully realized that I should improve my English (　　).

1 skills　　**2** aims　　**3** experiments　　**4** attitudes

(3) The women's liberation movement had a great impact on the (　　) of Japanese women in the Taisho era.

1 cause　　**2** similarity　　**3** introduction　　**4** behavior

(4) A: Who's this woman in the picture?

B: She's our (　　), Mrs. Baker.　She has lived next door since I was small.

1 son　　**2** resident　　**3** neighbor　　**4** surface

覚えよう！　名詞・1

人や職業を表す名詞の多くは，語尾に -ar, -er, -or, -ee, -eer, -ist などがつく。

- -ar ： liar「うそつき」, scholar「学者」
- -er ： singer「歌手」, teacher「教師」, employer「雇用主」
- -or ： neighbor「隣人」, professor「教授」, actor「俳優」, editor「編集者」
- -ee ： employee「従業員」, refugee「難民」
- -eer ： volunteer「ボランティア」, engineer「技師」
- -ist ： pianist「ピアニスト」, artist「芸術家」

[解答とポイント]

(1) 　**正 解**　**3**

訳　　スミス氏は毎朝新聞を読む。しかし実は，彼はスポーツに関する記事にしか興味がない。

選択肢　**1** 楽器，道具　**2** 運動選手　**3** 記事　**4** 考え

ポイント　1文目のnewspaperより，新聞に載っているものは何かを考える。なお，articleには「論文」の意味もある。

(2) 　**正 解**　**1**

訳　　Ａ：レオン，アメリカ出張はどうだった？

Ｂ：交渉は成立したけど，英語力を磨かないといけないと痛感したよ。

選択肢　**1** 技能　**2** 目的　**3** 実験　**4** 態度

ポイント　空所を含む文のthat以下には，レオンがアメリカに出張して必要だと痛感したことが入る。improve my English ～「私の英語の～を改善させる」の後に続けるのに適する名詞を選ぶ。

(3) 　**正 解**　**4**

訳　　女性解放運動は，大正時代の日本人女性の行動に大きな影響を与えた。

選択肢　**1** 原因　**2** 類似（点）　**3** 紹介　**4** 行動

ポイント　女性解放運動が，大正時代の日本人女性の何に大きな影響を与えたかを考える。have a great impact on ～「～に大きな影響を与える」。liberationは「解放（すること），自由（にすること）」という意味の名詞。

(4) 　**正 解**　**3**

訳　　Ａ：写真のこの女性はだれですか？　Ｂ：隣人のベーカーさんです。彼女は私が小さいころから隣に住んでいます。

選択肢　**1** 息子　**2** 住民　**3** 隣人　**4** 表面

ポイント　She has lived next door「彼女は隣に住んでいます」より，Ｂがベーカーさんを表すのに適する名詞を選ぶ。

次の(1)から(4)までの（　）に入れるのに最も適切なものを1，2，3，4の中から一つ選びなさい。

(1) Yesterday, I joined the online discussion on environmental problems, such as climate change, air (　), and forest destruction.

1 species　　　**2** pollution　　　**3** invention　　　**4** performance

(2) *A*: Hello, this is Kaito speaking.　May I speak to Ms. Bush?

　　B: I'm sorry, she's on another (　).　I'll tell her to call you back later.

1 line　　　**2** passage　　　**3** direction　　　**4** method

(3) As the war drags on, it has become difficult for citizens to get daily necessities.　The two countries should look for a peaceful (　) immediately.

1 invitation　　　**2** ability　　　**3** solution　　　**4** protest

(4) Maya's birthday is soon, but I had no idea what to give her as a present. So, I asked her sister to give me some (　).

1 occupation　　　**2** charity　　　**3** purpose　　　**4** advice

覚えよう！ ▶ **名詞・2**

名詞は，〈動詞＋名詞〉で決まった意味を表すものが多い。動詞との組み合わせで覚えよう。

・make：make a decision「決意する」，make a change「変更する」，
　　　　 make a mistake「間違える」，make progress「進歩する」

・give：give advice「助言する」，give a call「電話をする」，
　　　　 give an answer「返答する」

・have：have a break「休憩する」，have a look「ちょっと見る」

[解答とポイント]

(1) **正解** **2**

訳 私は昨日，気候変動や大気汚染，森林破壊などの環境問題についてのオンラインディスカッションに参加した。

選択肢 **1** （生物の）種 **2** 汚染 **3** 発明 **4** 業績

ポイント airで始まるenvironmental problems「環境問題」の例を考える。climate change「気候変動」，forest destruction「森林破壊」。

(2) **正解** **1**

訳 Ａ：もしもし。こちらカイトです。ブッシュさんをお願いします。
Ｂ：申し訳ありません。彼女は別の電話に出ております。あとでかけ直すように言っておきます。

選択肢 **1** 回線 **2** 通路 **3** 方向 **4** 方法

ポイント 電話での会話。ブッシュさんが電話に出られないことから推測する。be on another line「話し中だ」。

(3) **正解** **3**

訳 戦争が長引くにつれ，市民が日用品を手に入れるのが困難になってきた。両国は直ちに平和的解決法を模索すべきだ。

選択肢 **1** 招待 **2** 能力 **3** 解決法 **4** 抗議

ポイント 戦争を終わらせるために模索すべきこととして適切なものを選ぶ。immediatelyは，at once，right away[now]などとほぼ同じ意味。

(4) **正解** **4**

訳 間もなくマヤの誕生日だが，プレゼントに何をあげたらよいかわからなかった。そこで，彼女の姉［妹］にアドバイスをくれるよう頼んだ。

選択肢 **1** 職業 **2** 慈善 **3** 目的 **4** 助言，アドバイス

ポイント 1文目のI had no idea what to give her as a present「プレゼントに何をあげたらよいかわからなかった」に注目し，マヤの姉［妹］に何を頼んだかを考える。have no ideaは，know nothing「まったくわからない，何も知らない」という意味。

次の(1)から(4)までの（　）に入れるのに最も適切なものを1，2，3，4の中から一つ選びなさい。

(1) *A*: Are you still angry with Ben for breaking his promise?

B: No.　I'll forget about the whole thing as he finally (　　) that he was wrong.

1　answered　　2　recommended　3　warned　　4　admitted

(2) *A*: A train museum will open next month.　I hear it will (　　) thousands of railway-related items from all over the world.

B: Really?　We can't miss it!

1　exercise　　2　exhibit　　3　export　　4　impress

(3) Dennis started a small computer company after graduating from college. Now, he (　　) more than 5,000 people at home and abroad.

1　employs　　2　insists　　3　judges　　4　praises

(4) *A*: It's hot in this room.　Do you mind my (　　) the window?

B: I'd rather you didn't.　It's noisy outside because of the construction work.

1　opened　　2　opening　　3　to open　　4　open

覚えよう！　動詞・1

動名詞の応用的な使い方を覚えよう。

・動名詞の意味上の主語を表すときは，所有格か目的格を直前に置く。

I'm sure of <u>her winning</u> the game. 「私は彼女が試合に勝つと確信している」

・否定の意味を表すときは，notを直前に置く。

My mother often scolds me for <u>not keeping</u> my room clean.

「母は私が部屋をきれいにしておかないことをよく叱る」

・過去の出来事を表すときは，〈having＋過去分詞〉の形にする。

I'm proud of having won the first prize.「私は1位をとったことを誇りに思う」

[**解答とポイント**] ※Part 1 では，選択肢が動詞の場合は訳を原形の意味
で示してあります。

(1) **正解** 4
訳 Ａ：ベンが約束を破ったことをまだ怒っているのかい？
Ｂ：いいえ。最終的に自分が悪いと認めたから，一切忘れるわ。
選択肢 **1** 答える **2** 勧める **3** 警告する **4** 認める
ポイント Ｂがベンのしたことを忘れると言っていることから考える。admit that「～で
あると認める」。

(2) **正解** 2
訳 Ａ：鉄道博物館が来月オープンするよ。世界中の何千もの鉄道関連品を展示
するそうだよ。
Ｂ：本当に？　見逃せないね！
選択肢 **1** 運動する **2** 展示する **3** 輸出する **4** 感動させる
ポイント 鉄道博物館について話していることから，展示されるものについて話してい
ると推測できる。

(3) **正解** 1
訳 デニスは大学卒業後，小さなコンピューター会社を始めた。今，彼は国内外
で 5000 人以上を雇っている。
選択肢 **1** 雇う **2** 主張する **3** 判断する **4** ほめる
ポイント a small computer company「小さなコンピューター会社」を起業したデニス
が，今では(　　) more than 5,000 people「5000 人以上を（　　）」とあることから
考える。

(4) **正解** 2
訳 Ａ：この部屋は暑いですね。窓を開けてもいいですか。
Ｂ：開けないでいただけたらうれしいです。工事で外が騒がしいので。
ポイント 直訳すると，「あなたは私が窓を開けることを嫌だと思いますか」。mind は動
名詞を目的語にとる動詞。動名詞の直前の所有格または目的格は動名詞の主語を表す。

次の*(1)*から*(4)*までの（　　）に入れるのに最も適切なものを1，2，3，4の中から一つ選びなさい。

(1) A: Welcome back, dear. I just came back from work.
B: That's hard work. Let's cook dinner together. We should (　　) housework.

1 increase　　　**2** share　　　**3** collect　　　**4** serve

(2) John has been busy with writing a monthly report, which he has to (　　) by next Monday. He wants to finish it up earlier and enjoy his weekend.

1 submit　　　**2** reserve　　　**3** miss　　　**4** harvest

(3) Andy saw a little fox in the bush. He tried to take its photo, but it soon (　　) into the depths of the woods.

1 promised　　　**2** delivered　　　**3** agreed　　　**4** disappeared

(4) Abbie was brought up in a wealthy family. When she was 17, however, her father's company went bankrupt and she (　　) to give up going to college.

1 forced　　　**2** was forcing　　　**3** was forced　　　**4** have forced

---

覚えよう！　動詞・2

接頭辞は単語の頭について何らかの意味を加える。接頭辞が表す意味を理解すれば，単語の意味を推測しやすくなる。

・否定の意味を表す接頭辞を含む語

dis-：disappear「見えなくなる」　disagree「反対する」　dislike「嫌う」

mis-：misunderstand「誤解する」　mistake「間違える」

un-：unkind「不親切な」　unhappy「不幸な」

〔 解答とポイント 〕

(1) 正解 **2**

訳 Ａ：おかえりなさい，あなた。私もたった今仕事から戻ったのよ。
Ｂ：それは大変だね。一緒に夕食を作ろう。家事は分担しなくてはね。

選択肢 **1** 増やす **2** 分担する **3** 集める **4** 給仕する

ポイント Ｂは仕事から帰宅したばかりだと言うＡに対して一緒に夕食を作ろうと提案している。このことから，Ｂは一緒に家事をするべきだと考えていることが推測できる。

(2) 正解 **1**

訳 ジョンは月次報告書を書くのに忙しく，それを今度の月曜日までに提出しなければならない。彼はそれを早く終わらせて，週末を楽しみたいと思っている。

選択肢 **1** 提出する **2** 予約する **3** 逃す **4** 収穫する

ポイント 月次報告書について，he has to ( ) by next Monday「彼（＝ John）はそれを今度の月曜日までに（ ）しなければならない」とあることに注目し，適する動詞を選ぶ。

(3) 正解 **4**

訳 アンディは茂みの中に子ギツネを見つけた。彼は写真を撮ろうとしたが，すぐに深い森の中に見えなくなってしまった。

選択肢 **1** 約束する **2** 配達する **3** 同意する **4** 見えなくなる

ポイント He tried to take its photo, but ...より，子ギツネがいなくなってしまったと推測できる。

(4) 正解 **3**

訳 アビーは裕福な家庭で育った。しかし彼女が17歳のとき，父親の会社が倒産し，彼女は大学進学を諦めざるをえなかった。

ポイント force は「〜を強いる」の意味の他動詞。強いられた側が主語なので，受動態be forced to 〜の形になっている。

次の(1)から(4)までの（　）に入れるのに最も適切なものを1, 2, 3, 4の中から一つ選びなさい。

(1) The members of the product development team worked hard for many years to develop a product to meet consumer needs. And (　　), they created a megahit product.

1 suddenly　　**2** eventually　　**3** normally　　**4** instantly

(2) *A*: How was the volunteer activity in Nepal?

　　B: It was challenging. We don't speak Nepali and many (　　) people don't speak English, so it wasn't easy to communicate with them.

1 similar　　**2** wealthy　　**3** healthy　　**4** local

(3) My son gets (　　) with everything too easily. For example, he was keen on tennis a few months ago, but now, he doesn't even touch his racket.

1 bored　　**2** interested　　**3** suited　　**4** scared

(4) *A*: Mr. Jones, what brought you here?

　　B: Well, I have an awful headache. I also have a (　　) throat.

1 sore　　**2** eager　　**3** sensible　　**4** thin

覚えよう!　形容詞

意味の紛らわしい形容詞は，接尾辞に注目して区別しよう。

・-edと-ing　：bored「（人が）退屈した」/ boring「（物事が）退屈な」

　　　　　　　scared「（人が）おびえた」/ scaring「（物事が）怖い」

　　　　　　　interested「（人が）興味を持った」/

　　　　　　　interesting「（物事が）興味深い」

　　　　　　　depressed「（人が）がっかりした」/

　　　　　　　depressing「（物事が）気の滅入る」

・-bleと-tive：imaginable「想像できる」/ imaginative「想像力に富んだ」

　　　　　　　sensible「分別のある」/ sensitive「繊細な」

(1) **正解** 2

訳 商品開発チームは長年の間, 消費者ニーズに合う商品開発に懸命に取り組んだ。そして, 彼らはついに大ヒット商品を生み出した。

選択肢 **1** 突然 **2** ついに **3** 普通は **4** すぐに

ポイント 1文目のworked hard for many yearsと2文目のthey created a megahit productの関係性を考える。

(2) **正解** 4

訳 A：ネパールでのボランティア活動はどうでしたか？
B：やりがいがありました。私たちはネパール語を話さず, 多くの地元の人々は英語を話さないので, 彼らとコミュニケーションを取るのは簡単ではありませんでした。

選択肢 **1** 似ている **2** 裕福な **3** 健康的な **4** 地元の

ポイント Bの発言のWe don't speak NepaliのWeと, many (　) people don't speak English の many (　) peopleは, 対照的な立場の人々を指している。

(3) **正解** 1

訳 私の息子は何にでもすぐ飽きてしまう。例えば, 数か月前はテニスに夢中だったが, 今ではラケットに触れることすらない。

選択肢 **1** 退屈した **2** 興味を持った **3** 適した **4** おびえた

ポイント 2文目に挙げられている例から, 「私の息子」がどのような人物かを考える。get bored with ～「～に飽きる」。

(4) **正解** 1

訳 A：ジョーンズさん, 今日はどうされましたか？
B：ええと, ひどい頭痛がします。のども痛いです。

選択肢 **1** 痛い **2** 熱心な **3** 分別のある **4** 薄い

ポイント have a sore throatで「のどが痛い」という意味。soreは, ひりひりする痛みを表すときに用いる。

接頭辞や接尾辞から単語の意味を推測してみましょう。例えば, (3) の問題では, 語尾の -ed を取った形からそれぞれの語の意味を考えることが大切です。

次の*(1)*から*(4)*までの（　）に入れるのに最も適切なものを1，2，3，4の中から一つ選びなさい。

(1) *A*: I exercise every day, but I haven't lost any weight at all.

    B: It has been only two weeks since you started going to the gym. It is important to be (　) when you go on a diet.

    1 angry   **2** lazy   **3** patient   **4** friendly

(2) Today, Nancy practiced tennis for the (　) afternoon. She was very tired and went to bed right after she took a bath.

    1 whole   **2** each   **3** last   **4** active

(3) I left the umbrella that I bought last week on the train. (　), I fell down right in front of my house.

    1 Especially   **2** Fortunately   **3** Nowadays   **4** Moreover

(4) *A*: Look. I knitted Jack a sweater. I hope he will like it.

    B: I hope so, too. But (　) speaking, gray is not his favorite color.

    1 kindly   **2** frankly   **3** shortly   **4** differently

---

覚えよう！ **副詞**

文頭によく置かれる副詞を覚えよう。

moreover / furthermore「その上，さらに」 eventually / finally「ついに」
actually「実は」 suddenly「突然」 basically「基本的に」 hopefully「願わくば」
obviously「明らかに」 gradually「徐々に」 namely「すなわち」

[解答とポイント]

(1) 　**正 解** 　3

　訳 　Ａ：毎日運動しているのに，ちっとも体重が減らないよ。
Ｂ：ジムに通い始めてまだ2週間でしょ。ダイエットをするときは，我慢強くすること
が大切よ。

　選択肢 　**1** 　怒っている 　**2** 　怠惰な 　**3** 　我慢強い 　**4** 　親しみやすい

　ポイント 　体重が減らないことを嘆くＡに，ＢはIt has been only two weeks since you
started going to the gym.と言っている。ダイエットにはどのようなことが大切だと言っ
ているかを考える。

(2) 　**正 解** 　1

　訳 　今日，ナンシーは午後ずっとテニスの練習をした。彼女はとても疲れて，風
呂に入るとすぐに床に就いた。

　選択肢 　**1** 　（ある期間の間）じゅう 　**2** 　それぞれの 　**3** 　最後の 　**4** 　活発な

　ポイント 　入浴した後すぐに寝たほど疲れていたことから，長時間テニスの練習をした
と考えられる。the whole afternoonで「午後の間じゅう（＝午後ずっと）」という意味
を表す。

(3) 　**正 解** 　4

　訳 　私は先週買った傘を電車に置き忘れた。その上，家のすぐ前で転んでしまった。

　選択肢 　**1** 　特に 　**2** 　幸いにも 　**3** 　最近では 　**4** 　その上

　ポイント 　1文目と2文目のいずれも，身に起きた災難について述べていることから考える。

(4) 　**正 解** 　2

　訳 　Ａ：見て。ジャックにセーターを編んだの。気に入ってくれるといいな。
Ｂ：そうだといいわね。でも率直に言って，グレーは彼の好みの色じゃないわ。

　選択肢 　**1** 　親切に 　**2** 　率直に 　**3** 　ただちに 　**4** 　異なって

　ポイント 　編んだセーターを気に入ってほしいと思っているＡに対し，Ｂがgray is not
his favorite colorと言っていることから考える。frankly speaking「率直に言うと」。

熟語の問題・1

次の(1)から(4)までの (　　) に入れるのに最も適切なものを1，2，3，4の中から
一つ選びなさい。

(1) Margaret is enjoying her new school life with good classmates. But she
doesn't like Ben because he always makes (　　) of her.

   1 time   **2** joy   **3** fun   **4** sense

(2) *A*: I still can't believe I won the match with Arnold. He may have lost (　　)
purpose.

  B: I don't think so. You practice tennis so hard every day, so I think you
just demonstrated your ability.

   1 to   **2** in   **3** by   **4** on

(3) Amy got a ticket for her favorite American singer's open-air concert.
Sadly, however, the concert was (　　) because of the typhoon.

   1 called off   **2** carried out   **3** taken away   **4** put down

(4) *A*: Jennifer's birthday is soon. Mei and I will combine our money and buy
her some flowers. Why don't you join us?

  B: Sure. What is the budget? I'll pay (　　).

   1 on time   **2** in advance   **3** for free   **4** for good

---

覚えよう！ ▶ **熟語・1**

単語も熟語も，同意語や反意語をセットにして効率的に覚えよう。

help＝aid「助ける，助け」　　establish＝found「設立する」

repair＝mend「修理する」　　ordinary＝common「普通の」

understand＝make out「理解する」　　postpone＝put off「延期する」

cheap「安い」⇔expensive「高価な」　　natural「自然の」⇔artificial「人工の」

increase「増加する，増加」⇔decrease「減少する，減少」

on purpose「わざと」⇔by accident[chance]「偶然に」

[解答とポイント]

(1) 【正解】 3

訳 マーガレットは良いクラスメートと共に，新しい学校生活を楽しんでいる。しかし，いつも彼女のことをからかうのでベンのことは好きではない。

選択肢 1 時間 2 喜び 3 楽しみ 4 感覚

ポイント マーガレットがベンを好きになれない理由を考える。make fun of ～「～をからかう」。

(2) 【正解】 4

訳 A：アーノルドとの試合に勝ったなんて，まだ信じられないよ。彼はわざと負けたのかもしれない。

B：私はそうは思わないわ。あなたは毎日テニスをとても一生懸命練習しているから，実力を発揮しただけだと思うわ。

ポイント Aの発言より，アーノルドは強いテニス選手だとわかる。その試合に勝ったことから考える。on purpose「わざと」。

(3) 【正解】 1

訳 エイミーは大好きなアメリカ人歌手の野外コンサートのチケットを手に入れた。しかし悲しいことに，台風のせいでコンサートは中止になった。

選択肢 1 中止する 2 実施する 3 連れて行く 4 鎮圧する

ポイント 2文目の Sadly, because of the typhoon から，野外コンサートがエイミーにとって好ましくない事態になったと考えられる。空所を含む文は受動態の文。

(4) 【正解】 2

訳 A：ジェニファーの誕生日がもうすぐよ。メイと私はお金を出し合って花を買うつもりなの。あなたも加わらない？

B：もちろん。予算はいくら？　前もって払うわ。

選択肢 1 時間通りに 2 前もって 3 無料で 4 永遠に

ポイント Bはジェニファーの誕生日に買う花の予算をたずねてから I'll pay「払うわ」と言っている。pay とのつながりを考え，会話の流れに合うものを選ぶ。

> 1つの単語と同じような意味を表す熟語，反対の意味を表す熟語もありますよ。例えば，*(3)* の call off は cancel という1語の動詞とほぼ同じ意味を表します。

次の(1)から(4)までの（　）に入れるのに最も適切なものを1，2，3，4の中から一つ選びなさい。

(1) The latest novel by the popular writer was published last week. It is a detective novel (　　) a true incident.
1 based on　　　**2** absent from　　**3** filled with　　**4** free from

(2) *A*: Is your college close to your house?
　　B: No. It takes almost two hours by bus and train. I can't (　　) the long commute, so I'll rent a room by my college.
1 get rid of　　**2** put up with　　**3** run out of　　**4** find fault with

(3) Good morning, everyone. Thank you for joining the city sightseeing tour. (　　) begin with, I'll explain the schedule for today.
1 At　　　　**2** For　　　　**3** In　　　　**4** To

(4) *A*: Emma, I've got two tickets for a classical music concert. I hope we can go together.
　　B: Sorry, Max. I love rock but I'm not (　　) interested in classical music.
1 at most　　　**2** at least　　　**3** in the least　　**4** in total

---

覚えよう！ ▶ 熟語・2

比較表現を含む熟語は間違いやすいので，1つ1つていねいに覚えよう。
- ・原級　：not so much as ～「～さえしない」
　　　　　　not so much ～ as … 「～というよりむしろ…」
- ・比較級：no longer「もはや～ない」
　　　　　　not more than ～「せいぜい～」/ not less than ～「少なくとも～」
　　　　　　no more than ～「たった～」/ no less than ～「～ほども多くの」
- ・最上級：not in the least ～「少しも～ない」

［ 解答とポイント ］

(1)　正解　1

訳　その人気作家による最新の小説が先週出版された。それは実際の事件に基づいた推理小説だ。

選択肢　**1**　〜に基づく　**2**　〜を欠席している　**3**　〜でいっぱいだ　**4**　〜がない

ポイント　a detective novel「推理小説」とa true incident「実際の事件」のつながりを考える。

(2)　正解　2

訳　A：大学は君の家に近いの？

B：いいえ。バスと電車でほぼ2時間かかるわ。長時間の通学に耐えられないから，大学のそばに部屋を借りるつもりなの。

選択肢　**1**　取り除く　**2**　耐える　**3**　使いはたす　**4**　あら探しをする

ポイント　空所を含む文の前半は，Bが大学のそばに家を借りようとしていることの理由を表している。

(3)　正解　4

訳　おはようございます，みなさま。市内観光ツアーにご参加いただき，ありがとうございます。まず最初に，本日の予定を説明いたします。

ポイント　to begin with「まず最初に」。

(4)　正解　3

訳　A：エマ，クラシック音楽のコンサートのチケットが2枚手に入ったんだ。一緒に行けたらいいな。

B：ごめんね，マックス。ロックは大好きだけど，クラシックには少しも興味がないの。

選択肢　**1**　最大で　**2**　少なくとも　**3**　少しも（〜ない）　**4**　合計で

ポイント　クラシック音楽のコンサートに誘われたB（＝エマ）が，I love rock but ...と言っていることから考える。

比較表現を含む熟語は覚えにくいものが多くありますね。more や less の基本的な意味をしっかり押さえることが重要です。頑張って覚えましょう！

次の(1)から(4)までの（　　）に入れるのに最も適切なものを1，2，3，4の中から一つ選びなさい。

(1) Jason's favorite Japanese teacher, Ms. Sasaki, said that she would be leaving America next month. Jason, (　　) at the news, was at a loss for words.

1　surprise　　　2　surprised　　　3　surprising　　　4　having surprised

(2) A: Look. These are cookies made by Tim. They taste good.
　　B: Are you kidding? Tim is helpless at cooking. He (　　) have made them.

1　must　　　2　may　　　3　cannot　　　4　should

(3) Robin went to see his grandmother in the hospital. When he entered her room, she was sitting on the bed, (　　) a book.

1　reads　　　2　reading　　　3　being read　　　4　to read

(4) A: Are you still busy looking for a new house?
　　B: Not anymore. I finally found a house in (　　) I want to live. I'll move there next week.

1　what　　　2　where　　　3　that　　　4　which

覚えよう！ 文法・1

分詞構文は，分詞を使って〈接続詞＋主語＋動詞〜〉の意味を表す構文。意味は文脈から判断する。

・when, after など（「〜とき」）の意味
　Running in the park, I saw Mike. 「公園を走っていたとき，マイクを見た」
・because など（「〜なので」）の意味
　(Being) Written in plain English, I could understand the story.
　　　　　　　　　「簡単な英語で書かれていたので，私は物語を理解できた」
・付帯状況（「〜しながら」）の意味
　Watching TV, I folded the laundry.「テレビを見ながら，私は洗濯物を畳んだ」

〔 解答とポイント 〕

(1) **正解** 2

訳 ジェイソンの大好きな日本語教師のササキ先生が，来月アメリカを去ると言った。その知らせに驚いて，ジェイソンは言葉を失った。

ポイント surpriseは「驚かす」という意味なので，驚かされた側（＝ジェイソン）が主語の分詞構文では〈being＋過去分詞〉を置くが，beingは省略可。ここでは「～なので」の意味を表す。

(2) **正解** 3

訳 A：見て。これらはティムが作ったクッキーなの。おいしいわよ。

B：冗談だろ？　ティムは料理がからっきしだめなんだよ。彼が作ったはずがないよ。

ポイント BがTim is helpless at cooking.と言っていることから考える。〈cannot＋have＋過去分詞〉「～したはずがない」。

(3) **正解** 2

訳 ロビンは病院の祖母を見舞った。彼が部屋に入ると，彼女は本を読みながらベッドに座っていた。

ポイント 分詞構文。ここでは「～しながら」の意味と考えると文意が成り立つ。

(4) **正解** 4

訳 A：新しい家探しでまだ忙しいの？

B：もう忙しくないよ。とうとう住みたい家を見つけたんだ。来週そこへ引っ越す予定だよ。

ポイント 先行詞（a house）のあとに前置詞が続く場合，関係代名詞thatを使うことができないので注意。

> まずは自分が苦手だと感じている文法事項を集中的に勉強しましょう！　品詞の働きをしっかり理解することも文法力のアップにつながります。

文法の問題・2

次の(1)から(4)までの（　　）に入れるのに最も適切なものを1，2，3，4の中から
一つ選びなさい。

(1) Mark ran to the station to take the last train.　When he arrived there,
however, the train (　　) the station.
1　had left　　　　**2**　was left　　　　**3**　has left　　　　**4**　has been leaving

(2) *A*: Are you getting along with your host family?
B: Yes, but it's sometimes difficult for us to understand each other.　If only
I (　　) Japanese better!
1　were spoken　　**2**　could speak　　**3**　should speak　　**4**　have spoken

(3) Olivia is smart and beautiful.　Furthermore, she always cares about others'
feelings.　That's the reason (　　) everyone comes to like her before long.
1　why　　　　　**2**　which　　　　　**3**　what　　　　　**4**　whatever

(4) *A*: I hear Miguel stopped smoking.
B: Yes.　His wife got him (　　) it because she got pregnant.
1　stop　　　　　**2**　stopping　　　　**3**　to stop　　　　**4**　stopped

覚えよう！　**文法・2**

使役動詞のあとには不定詞または動詞の原形（原形不定詞）が続く。動詞ごとに
異なる意味も覚えよう。
・「～に…させる」：〈get＋目的語＋不定詞〉/〈make＋目的語＋原形不定詞〉
getは「相手を説得して～させる」，makeは「強制的に～させる」のニュ
アンス。
例）I got him to fix my bike.「私は彼に（働きかけて）自転車を修理させた」
I made him fix my bike.「私は彼に（有無を言わせず）自転車を修理
させた」
・「～に…させてやる」：〈let＋目的語＋原形不定詞〉
・「～に…してもらう」：〈have＋目的語＋原形不定詞〉

[解答とポイント]

(1) 　**正解**　1

　訳　　マークは終電に乗るために駅まで走った。しかしそこへ着くと，電車は駅を出てしまっていた。

　ポイント　終電が駅を出たのは，マークが駅に着いたときより前のことなので，過去完了〈had＋過去分詞〉で表す。

(2) 　**正解**　2

　訳　　Ａ：ホストファミリーとはうまくやっているの？

Ｂ：ああ，でもぼくたちが理解し合うのが難しいこともあるよ。ぼくが日本語をもっと上手に話せさえすればなあ！

　ポイント　仮定法過去の文。If onlyのあとには（助）動詞の過去形が続く。「～さえすればなあ」の意味。

(3) 　**正解**　1

　訳　　オリビアは聡明で美しい。その上，彼女はいつでも他人の気持ちを気に掛ける。それが，だれもがすぐに彼女を好きになる理由だ。

　ポイント　the reasonを先行詞とする関係副詞whyを用いた文。That's why everyone comes to ～.と表すこともできる。

(4) 　**正解**　3

　訳　　Ａ：ミゲルがタバコをやめたんだってね。

Ｂ：ええ。彼の奥さんが妊娠したので，やめさせたんだって。

　ポイント　使役動詞のgetはmakeやletなどと違い，〈to＋動詞の原形〉が続くので注意。「～に…させる」の意味。

仮定法では，現在や過去の事実と離れていることを表すために過去形や過去完了形を使います。日本語でも，「もしぼくが鳥だったらなあ」と過去形を使いますね。

品詞の働き

　品詞とは，文中における意味や働きなどから単語を分類したもので，通常，名詞，代名詞，動詞，助動詞，形容詞，副詞，前置詞，接続詞，冠詞，間投詞の10種類に分けられます。文の構造を把握するためには，それぞれの品詞の働きを理解することが必要で，読解の向上にも大いに役立ちます。

名詞　「人」，「物」，「事」の名前を表す語で，文の中で「主語」，「補語」，「目的語」になります。

　This bag looks nice.　「このかばんは素敵です」　bagは主語。
　I call the cat Momo.　「私はその猫をモモと呼びます」
　　　catは目的語，Momoは補語（SVOCの文）。

名詞には，数えられる名詞（可算名詞）と数えられない名詞（不加算名詞）があります。可算名詞には単数形と複数形の2つの形がありますが，不可算名詞は原則的には常に単数形で，冠詞（a, anなど）もつきません。物質名詞（液体，気体，材料など）の数量を表すときは，容器や単位を示す語（glass, cup, pieceなど）を使います。

　There are many children in the park.　「公園にはたくさんの子供たちがいます」
　　　childrenは可算名詞childの複数形。
　I had two glasses of milk.　「私はミルクを2杯飲みました」
　　　milkは不可算名詞。（×）two milks

動詞　「動作」や「状態」を表す語で，be動詞と一般動詞があります。動詞が作る基本文型を確認しましょう。

〈S＋V〉	I lives in Tokyo.　「私は東京に住んでいます」
〈S＋V＋C〉	She is a doctor.　「彼女は医者です」
〈S＋V＋O〉	I like math.　「私は数学が好きです」
〈S＋V＋O＋O〉	He gave me a CD.　「彼は私にCDをくれました」
〈S＋V＋O＋C〉	We named him Koro.　「私たちは彼をコロと名づけました」

その他の主な品詞

・形容詞…名詞を修飾・説明する語。名詞の前やbe動詞のあとに置きます。
・副詞…動詞，形容詞，副詞，句，節，文全体を修飾する語。
・前置詞…名詞や代名詞の前に置き，時，場所，手段などを表す語。
・接続詞…語と語，句と句，節と節などをつなぐ語。

では，She says that she wants a new camera.「彼女は新しいカメラがほしいと言っています」という文を品詞ごとに分類してみましょう。

She	says	that	she	wants	a	new	camera.
名詞	動詞	接続詞	名詞	動詞	冠詞	形容詞	名詞

44

Part 2

会話文の穴うめ問題
（大問２）

大問２は会話文中の空所に適する語句や文を選ぶ問題。会話の流れを正しくつかむ力が問われる。

会話文の穴うめ問題

・大問2は，会話文中の（　　）に入る適切な短文や語句を4つの選択肢から選び，会話文を完成させる問題。全5問。

・2往復の会話文（空所1箇所）が3問，3往復半〜4往復の会話文（空所2箇所）が1問出題される。

・空所位置のパターンには，大きく分けて，①疑問文に対する適切な応答を選ぶ。　②応答から逆に適切な疑問文を推測して選ぶ。　③空所前後と最も自然につながる発言を選ぶ。　の3パターンがある。

例　*A*: Mom, did you see my baseball glove anywhere?

　　B: No, I didn't. Did you look in your bag?

　　A: (　　　　), but it wasn't there. What can I do without it?

　　B: Well, you can ask your brother to lend his to you.

　　1　I lost it yesterday　　　**2**　It's my favorite one

　　3　Just a moment　　　　　**4**　Of course I did　　　　　　　正解　**4**

訳　A：お母さん，ぼくの野球のグローブをどこかで見た？　B：いいえ，見なかったわ。バッグの中は見たの？　A：もちろん見たけどそこにはなかった。それがなかったらどうしよう？　B：お兄さんに貸してくれるよう頼めばいいわ。

　　1　昨日それをなくしたんだ　　**2**　それはぼくのお気に入りなんだ

　　3　ちょっと待って　　　　　　**4**　もちろん，見たよ

対策

・空所の前後だけを読むのではなく，**「前後の話者の発言」とのつながりを考えながら読む**ことが基本。

・基本的な文法事項の知識があれば十分に理解できる内容なので，基本的な動詞（特にget，make，doなど）や中学レベルの文法事項をしっかり身につけることが大切。

・提案，誘い，依頼の表現など，典型的な会話表現を数多く覚えておこう。

ここがポイント！

❶ 疑問詞に注意する

疑問詞を使った疑問文とそれに対する応答の部分は，会話の流れをつかむうえでとても重要。空所になる場合も多い。何が問われ，どう答えているかを正しく読み取れるように注意深く会話文を読もう。

❷ Yes / No で答えられる疑問文への応答に注意する

Do you ～?やAre you ～?など，基本的には**Yes / No で答える疑問文にも，実際の会話では，Yes / No を使わずに答える場合も多くある**。例ではBのDid you look in your bag?という質問にAはYes / Noで答えていないが，空所直後のbut it wasn't there.から，Aはバッグの中を見たことがわかり，正解は**4**と判断できる。

❸ 応答から空所に入る文を推測する

大問2の会話表現では，依頼や提案，誘いの表現がよく出てくる。例えば，空所のあとでSure.「いいですよ」と応答していれば，空所には依頼，提案，勧誘といった内容の文が入ることが推測できる。

例 〈依頼〉Will［Would］you ～ ? / Can［Could］you ～ ?「～してくれませんか」
〈応答〉Sure.「いいですよ」/ Of course.「もちろんです」/ I'm sorry I can't.「すみませんが，できません」

❹ 空所前後のつなぎ言葉に注意する

so「だから」，but「だが」などの**接続詞やつなぎ言葉（談話標識）も，正解を見つけるときの手がかりとなる**。こうした語句が空所直前に置かれているときは，前後がどのような関係になるのかを考えて適切な選択肢を選ぼう。例えば次の問題について考えよう。

A: I heard you have plans to visit Canada next month.

B: I'm planning to, but (　　　).

「A：君は来月カナダを訪れる計画があるって聞いたよ。　B：計画は立てているんだけど，（　　　）」

Aの発言に対して，Bは「計画は立てている」と答え，続いてbutと言っているので，空所には「計画がうまく進んでいない」，「まだ具体的な行動に出ていない」など，カナダへ行く計画について否定的な内容が入ると推測できる。72ページにまとめた談話標識を覚えて，前後のつながりを正しくつかめるようにしよう。

会話文（2往復）の穴うめ問題・1

次の会話文を完成させるために, *(1)* と *(2)* に入るものとして最も適切なものを 1, 2, 3, 4 の中から一つ選びなさい。

(1) *A*: Are you ready to order, sir?

   B: Let me think a little more. I can't choose a main dish because they all look good.

   A: Sure. (　　　), please.

   B: Thank you. In the meantime, let me have a glass of lemonade.

   1 Set the table

   2 Have a seat

   3 Take your time

   4 Wait a second

(2) *A*: How was your weekend, Meg?

   B: Great. I (　　　) with my sister.

   A: That's nice. Did you enjoy yourselves?

   B: Yes. The lead actor's performance and the songs were wonderful. You shouldn't miss it.

   1 joined a sightseeing bus tour

   2 saw a popular musical

   3 went look at a famous painting

   4 enjoyed a classical concert

覚えよう!　**重要表現**

Are you ready to order? 「ご注文はお決まりですか」　※レストランでの表現。

Let me ～. 「（私に）～させてください」

take *one's* time 「ゆっくりやる」

in the meantime 「それまでの間に」

a glass of ～ 「1杯の～」

How was ～? 「～はどうでしたか」　※様子や感想をたずねる表現。

go look at ～ 「～を見に行く」

［ 解答とポイント ］

(1) **正解** 3

訳 A：ご注文はお決まりですか，お客様？

B：もう少し考えさせてください。どれもおいしそうで，メインディッシュを決められないんです。

A：かしこまりました。どうぞごゆっくり。

B：ありがとう。その間に，レモネードを1つお願いします。

選択肢 **1** テーブルの準備をする　**2** 席につく　**3** ゆっくりやる　**4** ちょっと待つ

ポイント レストランでの会話。1巡目で注文を取りにきたA（＝ウェイター）に対して，B（＝客）がLet me think a little more.と，もう少し考える時間が必要であることを伝えていることに着目する。

(2) **正解** 2

訳 A：週末はどうだった，メグ？

B：楽しかったわ。妹と人気のミュージカルを見に行ったの。

A：それはよかったね。楽しかった？

B：ええ。主演の俳優の演技と歌がすばらしかったわ。見逃しちゃだめよ。

選択肢 **1** 観光バスツアーに参加した　**2** 人気のミュージカルを見た　**3** 有名な絵画を見に行った　**4** クラシックコンサートを楽しんだ

解説 1巡目のAのHow was your weekend, Meg?に対してB（＝Meg）がGreatと答えているので，Bは週末を楽しんだとわかる。また，2巡目でBがThe lead actor's performance and the songs were wonderful.と言っていることから楽しんだものがミュージカルであることがわかる。

決まった形の会話表現を覚えるだけではなく，会話の場面や代名詞が指す人やもの・ことを正しくつかむことにも注意しましょう。

次の会話文を完成させるために，*(1)*と*(2)*に入るものとして最も適切なものを1, 2, 3, 4の中から一つ選びなさい。

(1) A: Hi, David. You're late today.

B: Hi, Mom. My bike got a flat tire, so I walked all the way home.

A: That's too bad. You must (　　).

B: You're right. I'll take it to the cycle shop near the post office tomorrow.

1 get it repaired

2 send it again

3 buy a new one

4 ride it faster

(2) A: Excuse me. I have a headache. May I see a doctor?

B: Do you have an appointment, Ma'am?

A: No. (　　　). Here's my health insurance card.

B: Thank you. Please fill in this form first and I'll make your patient ID card.

1 I'll see Dr. Kato at 2:30

2 It will take two hours

3 I don't have a stomachache

4 It's my first visit here

覚えよう！　**重要表現**

---

get a flat tire「タイヤがパンクする」

all the way「（道のりを）ずっと，はるばる」

That's too bad.「それは困りましたね」　※相手の不幸などに同情する表現。

〈get ～＋過去分詞〉「～を…してもらう」

have an appointment「予約をしてある」

health insurance card「健康保険証」／patient ID card「診察券」

fill in ～「～に記入する」

[解答とポイント]

(1) 　正解　 1

　訳　　A：おかえり，デイビッド。今日は遅かったのね。

　　　　B：ただいま，お母さん。自転車のタイヤがパンクしたので，家までずっと歩いたんだ。

　　　　A：それは大変だったわね。修理してもらわなければいけないわね。

　　　　B：そうだね。明日郵便局の近くの自転車屋に持って行くよ。

　選択肢　**1** 修理してもらう　**2** もう1度送る　**3** 新しいものを買う　**4** もっと速くこぐ

　ポイント　自転車のタイヤがパンクしたと言うB（＝David）に対して，A（＝母親）が You must (　　). 「あなたは（　　）しなければなりません」と言っている。それに対してBが I'll take it to the cycle shop「自転車屋に持って行く」と言っていることから推測する。

(2) 　正解　 4

　訳　　A：すみません。頭痛がします。お医者さんに診てもらいたいのですが。

　　　　B：予約はされていますか。

　　　　A：いいえ。初診です。こちら健康保険証です。

　　　　B：ありがとうございます。診察券をお作りしますので，まずこの用紙にご記入ください。

　選択肢　**1** 2時半にカトウ先生に診てもらう　**2** それには2時間かかる　**3** 腹痛はない　**4** 初診である

　解説　病院での会話。1巡目でB（＝受付）に Do you have an appointment, Ma'am?「予約はされていますか」と，予約の有無を確認されたA（＝患者）は No と答えている。また，2巡目でBが Please fill in this form first and I'll make your patient ID card.「診察券をお作りしますので，まずこの用紙にご記入ください」と言っていることにも着目。

次の会話文を完成させるために, *(1)* と*(2)* に入るものとして最も適切なものを1, 2, 3, 4の中から一つ選びなさい。

A: Honey, it's about time to make plans for our holiday.

B: How about visiting Orland? It has some famous theme parks.

A: I think (**1**). I feel like spending some quiet time.

B: I see. Well, my childhood friend has a cabin in the mountains. Let's go there.

A: Oh, is it close to here?

B: It's five hours' drive from the nearest airport.

A: That's too long.

B: OK, (**2**).

(1) **1** we must get tickets immediately

　　 2 we can also visit the beach nearby

　　 3 there will be a lot of people

　　 4 it has fewer tourists these days

(2) **1** let's make another plan then

　　 2 let's go there by bus

　　 3 I'll contact him right away

　　 4 I'll ask him some questions

覚えよう！ ▶ **重要表現**

it's about time to ～「そろそろ～するころだ」

How about ～ing?「～するのはどうですか」 ※相手を誘う表現。

feel like ～ing「～したい気分である」

～ hours' drive「車で～時間」

immediately = right away「今すぐ」

[解答とポイント]

訳　A：ねえ，そろそろ休暇の計画を立てないと。
　　　　B：オーランドを訪れるのはどう？　そこには有名なテーマパークがいくつ
　　　　　　もあるわよ。
　　　　A：人が多いだろうと思うよ。ぼくは静かな時間を過ごしたい気分だよ。
　　　　B：わかったわ。ええと，幼なじみが山小屋を持っているの。そこへ行きましょ
　　　　　　うよ。
　　　　A：おや，それはここから近いの？
　　　　B：いちばん近い空港から車で5時間よ。
　　　　A：それは長すぎるよ。
　　　　B：わかったわ。では別の計画を立てましょう。

(1) **正解**　3

選択肢　**1**　すぐにチケットを手に入れなければならない　**2**　近くのビーチを訪れる
こともできる　**3**　人が多いだろう　**4**　最近は旅行者が少ない

ポイント　1巡目でBがオーランドに行くことを提案し，その後 It has some famous
theme parks.「そこには有名なテーマパークがいくつもあるわよ」と言っていること，
空所の直後でAが I feel like spending some quiet time.「ぼくは静かな時間を過ごした
い気分だよ」と言って，静かに休暇を過ごしたいと伝えていることから考える。

(2) **正解**　1

選択肢　**1**　では別の計画を立てよう　**2**　バスでそこへ行こう　**3**　彼にすぐに連絡を
取ろう　**4**　彼にいくつか質問しよう

解説　3巡目のBの発言 It's five hours' drive from the nearest airport.「いちばん近
い空港から車で5時間よ」より，Bの幼なじみの山小屋まではかなりの距離があるとわ
かる。また，それを知ったAが That's too long.「それは長すぎるよ」とBの提案に乗
り気でないことから判断する。

次の会話文を完成させるために, *(1)* と *(2)* に入るものとして最も適切なものを1, 2, 3, 4の中から一つ選びなさい。

A: Hello. This is Dream Pizza.
B: Hello. This is Bob White. Our pizza has just arrived, but (　*1*　).
A: Mr. White ..., you ordered Pizza Japanese, right?
B: Yes. But the one here has pineapple.
A: Oh, It must be the Pizza Hawaiian. I'm sorry, sir. We'll (　*2*　).
B: Well, you don't need to do that because I don't want to waste food.
A: I'm really sorry. We'll pay you the difference.
B: OK.

(1)　**1**　I didn't receive the Tomato Salad
　　　2　it's not the one that I ordered
　　　3　it took too long to be delivered
　　　4　it was cold and tasted bad

(2)　**1**　send you a coupon for a dessert
　　　2　issue a receipt later
　　　3　make one more Pizza Hawaiian
　　　4　deliver a new pizza as soon as we can

覚えよう! ▶ **重要表現**

must be 〜 「〜に違いない」
pay the difference 「差額を支払う」
too 〜 to ... 「〜すぎて…できない」
taste 「〜の味がする」
issue a receipt 「領収書を発行する」
as soon as *one* can 「できるだけ早く」

［ 解 答 と ポ イ ン ト ］

訳　A：もしもし。ドリーム・ピザです。

　　　B：もしもし。ボブ・ホワイトです。ピザがたった今届いたのですが，注文
　　　　　したものと違います。

　　　A：ホワイト様…，ピザ・ジャパニーズをご注文ですね？

　　　B：はい。でもここにあるのにはパイナップルが乗っています。

　　　A：ああ，それはピザ・ハワイアンですね。申し訳ありません。お客様のピ
　　　　　ザをできるだけ早く配達いたします。

　　　B：ええと，食べ物をむだにしたくないので，その必要はありません。

　　　A：本当に申し訳ありません。差額をお支払いいたします。

　　　B：わかりました。

(1)　**正解**　**2**

選択肢　**1**　トマト・サラダを受け取らなかった　**2**　注文したものと違っている
3　配達されるのに時間がかかりすぎた　**4**　冷めていておいしくなかった

ポイント　宅配ピザ屋と客の電話でのやりとり。1巡目から3巡目のやりとりより，B（＝
ホワイト氏）が注文したのはピザ・ジャパニーズだが，実際届いたのは違うものだった
と推測できる。

(2)　**正解**　**4**

選択肢　**1**　デザートのクーポンを送る　**2**　あとで領収書を発行する　**3**　ピザ・ハワ
イアンをもう1枚作る　**4**　新しいピザをできるだけ早く配達する

解説　空所を含むAの発言に対して，Bが Well, you don't need to do that because I
don't want to waste food. 「ええと，食べ物をむだにしたくないので，その必要はあり
ません」と言っている。この発言の that が指す内容が空所に入る。また，4巡目のやり
とりから，Bは差額を受け取って，間違って配達されたピザをそのまま受け取ることに
したことがわかり，このことも判断の材料になる。

　どんな言語でも，意味のまとまりを考えるうえで語・句・節というとらえ方があります。この分類を正しく理解しておくことは文章をより正確に理解するうえで大いに役立ちます。基本的な文法事項の1つとして，しっかり理解して総合力を高めましょう。

語　いわゆる単語のことで，まとまった意味を持つ最小のまとまりを語と言います。日本語で言えば，「春」で1つの語で，それ以上細かく分けると「は」「る」という，それ自体意味のない1つの音になります。英語ならばspringで「春」という1つの意味を表す単位である語になります。語[単語]はその働きによって品詞に分類されます。品詞については44ページを確認しましょう。

句　2つ以上の語が集まって1つのまとまった意味を表す単位を「句」と言います。springは「春」という語，in springは「春に」という意味を表すまとまりで，2語から成り立っていますから句になるわけです。in my room「私の部屋で」，go to school「学校へ行く」，a large park「広い公園」なども句の単位になります。

節　「句」と同じように2語以上の語から成る意味のまとまりですが，その中に〈主語＋動詞（＝日本語で言う述語）〉を含むものが節です。when I got up「私が起きたとき」，because it was raining「雨が降っていたので」などが節の例になります。

品詞との関係　句が名詞の働きをすれば名詞句，副詞の働きをすれば副詞句，形容詞の働きをすれば形容詞句と言います。同じように，名詞の働きをする節は名詞節，副詞の働きをする節は副詞節，形容詞の働きをする節は形容詞節と言います。いくつか例を挙げましょう。

I know that running girl . 「私はあの走っている少女を知っています」
　　　　　は動詞knowの目的語。目的語になるのは名詞だから　　　　　は名詞句。
The book on the desk is mine. 「机の上の本は私のものです」
　　　　　は名詞bookを修飾。名詞を修飾するのは形容詞だから　　　　　は形容詞句。
I will go swimming if it is fine tomorrow . 「明日晴れたら泳ぎに行きます」
　　　　　は動詞will go swimmingを修飾。動詞を修飾するのは副詞だから
　　　　　は副詞節。

では，Tom is a boy who can play soccer well .「トムはサッカーを上手にする少年です」という文の　　　　　は何でしょうか。名詞boyを修飾するから形容詞の働きをして，中にwho（＝he），can playと〈主語＋動詞〉があるから形容詞節ですね。

Part 3

長文の穴うめ問題
（大問3）

大問3は物語・説明文中の空所に適する語句
を選ぶ問題。物語の展開，説明文の論理的な
流れを正しくつかむ力が問われる。

長文の穴うめ問題

設問形式と傾向

・大問3は長文の中の（　　）に入る語句を4つの選択肢から選び，文章を完成させる問題。空所は1つの段落につき1か所ある。

・大問3には［A］，［B］の2問がある。

　［A］　物語文（150語程度，2段落構成）で空所は2か所。内容はある人物が体験した出来事が基本。

　［B］　説明文（270語程度，3段落構成）で空所は3か所。内容は歴史上の人物，文化，社会，歴史，自然科学などに関するもの。

例
Taking Pictures

　John likes taking pictures and often goes out to take pictures on the weekends. He does not travel far because there are a lot of interesting places in and near his town. One day, he got some information about one of them. It was a small shrine built about five hundred years ago. It seemed very interesting to him, so he decided to (　　) this Saturday and take some pictures of it.

1　find an interesting place　　　　**2**　go to a town far away

3　visit the old building　　　　　**4**　get more information　　　　　　正解　**3**

訳
写真を撮る

　ジョンは写真を撮ることが好きで，週末にはよく写真を撮りに出かける。彼の町とその近くにはおもしろい場所がたくさんあるので，彼は遠くまで出かけない。ある日，彼はそれらのうちの1つについての情報を得た。それは約500年前に建てられた小さな神社だった。それは彼にとってとてもおもしろそうに思われたので，彼は今度の土曜日にその古い建物を訪れて写真を撮ることにした。

1　おもしろい場所を見つける　　　　**2**　遠くの町へ行く

3　その古い建物を訪れる　　　　　　**4**　もっと情報を得る

対策

・空所の前後だけを読むのではなく，**タイトルから文章のテーマをつかみ，必ず文章全体を読む**。

・物語文ならば**時や場所を表す語句，人物の心情を表す表現に特に注意**しながら，物語の展開をつかむ。

・説明文ならば文章のテーマをつかみ，**指示語や談話標識に注意しながら，論理の展開をつかむ。**

❶ 指示語が指す人・ものをつかむ

　直接空所部分と関係がなくても，**文章を最初から読み進めながら指示語が指す人・ものはそのつど正しく読み取らないと，途中で話の内容を正しくつかめなくなる。例**の第3文he got some information about one of themのthemは複数を表すことから直前の文のa lot of interesting places「たくさんのおもしろい場所」を指し，oneはそれらの場所の1つを指す。このことから，ジョンがあるおもしろい場所の情報を得たことを読み取れば，次の展開も理解しやすくなる。指示語が指す人・ものを考えるときは，単数か複数か，人か人以外か，男性か女性かなど，さまざまな点について検討する必要がある。

❷ つながりを示す語句（談話標識）に注意する

　特に説明文では，前文が「原因」，その後に続く文が「結果」といった文と文の論理的な関係を明確にするために，しばしば談話標識（discourse marker）が使われる。談話標識は，その後に続く文が，直前の文で述べたこととどう関係するのかを表す。また，談話標識が段落の最初に置かれた場合は，前の段落との橋渡しの役割を果たす。例えばThe global demand for smartphones and tablets is rapidly increasing. On the other hand, sales of PCs (　　) year by year.「スマートフォンやタブレットの世界的な需要は急速に拡大している。その一方で，パソコンの売り上げは年々（　　）」という問題について考えよう。

　on the other hand「その一方で」は，直前の文の内容と対比させながら，新たな情報を提示するのに使う。このことから，「スマートフォンやタブレットの需要は増えているが，パソコンの売り上げは減っている」という内容が推測できる。空所にはare going down「減っている」などの語句が入る。

　こうした**談話標識に注目しながら英文を読んでいけば，文章の論理的な展開を把握しやすくなる。**p.72にまとめた談話標識を覚えよう。

❸ 言いかえ表現・同意表現に注意する

　英語では，同じ語句をそのまま繰り返すことを避け，別の表現で言いかえるのがふつうで，このような**言いかえ表現や同意語は，正解を絞り込むための手がかりとなる。**

　例の第4文It was a small shrine built about five hundred years ago.から，ジョンが得たのは「約500年前に建てられた小さな神社」についての情報であることがわかる。選択肢3ではこの神社をthe old building「その古い建物」と言いかえており，これを空所に入れると「彼はその古い建物を訪れることにした」となってジョンの好きなこと（＝近くのおもしろい場所を訪ねて写真を撮ること）とも一致する。

長文の穴うめ問題［A］・1

次の英文を読み，その文意にそって（　　）に入れるのに最も適切なものを１，２，３，４の中から一つ選びなさい。

Seeing an Old Friend

One day, Masashi drove to the airport to pick up his Australian friend, Alex. Alex stayed with Masashi as an exchange student fifteen years ago and the boys became good friends. The plane arrived at the airport four hours late, at 11:00 p.m. Masashi was bored of waiting and felt tired, but he (*1*) at the moment he saw Alex walking toward the arrival lobby. During the drive home, they were so happy to see each other again that they couldn't stop talking.

They got home shortly before midnight. Alex was very happy that he returned home where he had spent a year. Masashi and Alex didn't feel like sleeping, so they sat on the sofa and enjoyed talking about the good old days. Masashi's mother (*2*) as she often did before. Alex enjoyed his favorite food. After talking for a while, they finally went to bed. However, Masashi couldn't sleep because he was still excited. And needless to say, neither did Alex.

(1)　**1**　fell asleep
　　2　got angry
　　3　felt frustrated
　　4　got excited

(2)　**1**　smiled at Alex
　　2　made some rice balls for Alex
　　3　made the bed for Alex
　　4　talked to Alex in Japanese

［ 解答とポイント ］

(1) **正解** 4

選択肢 **1** 眠りこんだ **2** 怒った **3** 不満を感じた **4** わくわくした

ポイント 空所直前より，マサシは疲れを感じていた。しかし，空所を含む文の後の they were so happy to see each other again that they couldn't stop talking「彼らは再会できたことにとても喜び，話が止まらなかった」から，アレックスに再会してマサシの気持ちが高ぶったと推測できる。

(2) **正解** 2

選択肢 **1** アレックスにほほ笑みかけた **2** アレックスのためにおにぎりを作った **3** アレックスのために寝床を整えた **4** アレックスに日本語で話しかけた

ポイント 空所を含む文の直後の Alex enjoyed his favorite food.「アレックスは大好きな食べ物を楽しんだ」から，マサシの母親はアレックスのために料理をしたと推測できる。

訳 旧友に会う

　ある日，マサシはオーストラリア人の友人，アレックスを迎えに，車で空港へ行った。アレックスは15年前，交換留学生としてマサシの家に滞在し，2人は仲良くなった。飛行機は4時間遅れの午後11時に空港に到着した。マサシは待ちくたびれ，疲れを感じていたが，アレックスが到着ロビーの方へ歩いてくるのを見た瞬間，わくわくした。車で家に向かう間，彼らは再会できたことにとても喜び，話が止まらなかった。

　彼らは12時少し前に家に着いた。アレックスは1年間を過ごした家に戻ってきたことをとてもうれしく思った。マサシとアレックスは眠る気になれなかったので，ソファーに座って思い出話に花を咲かせた。マサシの母親は以前もよくそうしたように，アレックスのためにおにぎりを作った。アレックスは大好きな食べ物を楽しんだ。しばらく話した後，ようやく彼らは床に就いた。しかし，マサシはまだ興奮していて眠れなかった。そして言うまでもなく，アレックスもそうであった。

覚えよう! **重要語句・表現**

at the moment ～「～する［した］瞬間」

so ～ that ...「とても～なので…」

he returned home where he spent a year「彼は1年間を過ごした家に戻った」
　※構造に注意。he returned home ＋ he spent a year there を，関係副詞where を使って1文で表している。

feel like ～ing「～したい気分である」

neither did Alex「アレックスも～でなかった」
　※直前の Masashi couldn't sleep because .... という否定文を受けているので，so ではなく neither を使う。

61

次の英文を読み，その文意にそって（　　）に入れるのに最も適切なものを1，2，3，4の中から一つ選びなさい。

Going Fishing

Yesterday, Lisa went fishing with her father. It was the first time she had fished on a boat, so she was very excited. They got to the port before dawn and went out to the open sea. It was windy that day, and the boat rolled heavily in the waves. Before long, Lisa's father caught a fish. He shouted for joy and turned to Lisa to show her the big fish he caught. Lisa, however, who (*1*), said nothing. Lisa's father realized what was happening to her. He gave her some medicine and they returned to port early.

At home, Lisa's mother cooked the fish. By then, Lisa felt better and helped her mother. It wasn't easy to clean a big fish, but she enjoyed doing it. They cut it into five pieces and baked them, then put them on a big plate with onions and tomatoes. The dish made with fresh fish tasted great. Lisa's father asked Lisa to (*2*), but she said no. She found cooking and eating fish is much more fun than catching one on a rolling boat.

(1) **1** also caught a fish
　　2 concentrated on catching fish
　　3 looked pale and sick
　　4 looked very excited

(2) **1** go fishing again
　　2 wash the dishes
　　3 eat more fish
　　4 cook a bigger fish

［ 解答とポイント ］

(1) **正 解** 3

選択肢 **1** 同じく魚を釣り上げた **2** 魚を釣ることに集中していた **3** 青ざめて具合が悪そうな様子だった **4** とても興奮した様子だった

ポイント 空所を含む文の３文前の the boat rolled heavily in the waves「船は波で激しく揺れた」，空所を含む文の２文後の He gave her some medicine「彼は薬を彼女に与えた」から，リサは船酔いで具合が悪かったと推測できる。

(2) **正 解** 1

選択肢 **1** また釣りに行く **2** 皿を洗う **3** もっと魚を食べる **4** もっと大きな魚を料理する

ポイント リサが父親の発言に対して no と答えたこと，空所を含む文の直後の She found cooking and eating fish is much more fun than catching one on a rolling boat.「揺れる船で魚を釣るよりも，魚を料理して食べる方がずっと楽しいと，彼女は気づいたのだった」から，リサの父親はリサをまた船釣りに誘ったと推測できる。

訳 釣りに行く

　昨日，リサは父親と釣りに行った。初めての船釣りだったので，彼女はとても興奮していた。彼らは夜明け前に港に到着し，海に出た。その日は風が強く，船は波で激しく揺れた。間もなく，リサの父親が魚を釣り上げた。彼は歓声を上げ，釣れた大きな魚をリサに見せるために，彼女の方を向いた。しかしリサは，青ざめて具合が悪そうな様子で，何も言わなかった。リサの父親は，彼女に何が起こっているのか悟った。彼は薬を彼女に与え，早めに港に戻った。

　家で，リサの母親は魚を料理した。その頃までにはリサも具合がよくなっており，母親を手伝った。大きな魚をさばくのは簡単ではなかったが，彼女はそれを楽しんだ。彼女たちは魚を５切れに切って焼き，タマネギとトマトを添えて大皿に載せた。新鮮な魚で作った料理はとてもおいしかった。リサの父親はまた釣りに行こうとリサを誘ったが，彼女は嫌だと言った。揺れる船で魚を釣るよりも，魚を料理して食べる方がずっと楽しいと，彼女は気づいたのだった。

覚えよう！ **重要語句・表現**

before long「間もなく」

shout for joy「（喜んで）歓声を上げる」

..., who looked pale and sick, ...「青ざめて具合が悪そうな様子で」
　　※構造に注意。who は関係代名詞。前後にカンマがある場合は，「そして〜」のように，固有名詞（リサ）についての情報をつけたす働きがある。

〈ask ＋人＋ to ＋動詞の原形〉「（人）に〜するように頼む［誘う］」

次の英文を読み，その文意にそって（　　）に入れるのに最も適切なものを1，2，3，4の中から一つ選びなさい。

Chatting Online

Chika started college in Glasgow two months ago. Studying abroad had been her dream for many years, so she was glad that her dream had come true. Once she started her life in Glasgow, she realized (　*1*　) to live abroad. First of all, she had a hard time communicating with local people because they spoke with a strong Scottish accent. Also, the rainy climate in Scotland often made her depressed. But Chika couldn't show her feelings to anyone around her.

One day, her brother in Japan, Kaito, suggested chatting online. Seeing Kaito's face and hearing his voice, Chika couldn't help crying. She talked about the problems she had, and Kaito listened to her. After chatting, she felt her heart became lighter. Now, she enjoys her life in Glasgow without taking on worries all by herself. When having a problem, she doesn't hesitate to (　*2*　). She often remembers the day when she chatted with Kaito and feels grateful to him.

(1) **1** how difficult it was
 2 why she wanted
 3 it was meaningful
 4 what was necessary

(2) **1** go back to Japan
 2 keep it secret
 3 ask someone for help
 4 communicate in Japanese

[解答とポイント]

(1) **正解** **1**

選択肢 **1** いかに難しいか **2** 彼女はなぜしたかったか **3** 意味があった **4** 何が必要だったか

ポイント 空所を含む文の直後の2文の she had a hard time communicating with local people「彼女は地元の人々とコミュニケーションをとるのに苦労した」，the rainy climate in Scotland often made her depressed「雨の多いスコットランドの気候は，彼女をしばしば滅入らせた」から，チカはグラスゴーで暮らすのに苦労していたと推測できる。

(2) **正解** **3**

選択肢 **1** 日本に戻る **2** 秘密にしておく **3** だれかに助けを求める **4** 日本語でコミュニケーションをとる

ポイント チカはカイトに悩みを打ち明けたことで気が楽になった。また，空所を含む文の直前の Now, she enjoys her life in Glasgow without taking on worries all by herself.「今では，悩みを1人で抱えることなく，彼女はグラスゴーでの生活を楽しんでいる」から，チカは悩みを人に話すことが大切だと気づいたと推測できる。

訳 オンラインチャットをする

チカは2か月前にグラスゴーの大学に入った。海外で勉強することは長年の夢だったので，彼女は夢が叶ったことをうれしく思っていた。グラスゴーでの生活を始めるとすぐに，彼女は外国で暮らすことがいかに難しいかがわかった。まず第一に，地元の人々が強いスコットランドなまりで話すので，彼女は彼らとコミュニケーションをとるのに苦労した。また，雨の多いスコットランドの気候は，彼女をしばしば滅入らせた。しかしチカが周りのだれかに自分の気持ちを見せることはなかった。

ある日，日本にいる兄のカイトがオンラインチャットをすることを提案した。カイトの顔を見，声を聞いたとき，チカは涙を抑えずにはいられなかった。彼女は自分が抱えている問題について話し，カイトは彼女の話を聞いた。チャットの後，彼女は自分の心が軽くなるのを感じた。今では，悩みを1人で抱えることなく，彼女はグラスゴーでの生活を楽しんでいる。問題があると，彼女はだれかに助けを求めることをためらわない。彼女はカイトとチャットをした日のことをよく思い出し，彼に感謝している。

覚えよう！ **重要語句・表現**

first of all「まず第一に」 ※頻出の談話標識。

Seeing Kaito's face and hearing his voice, ...「カイトの顔を見，声を聞いたとき」
※分詞構文。ここでは「～するとき」の意味を表す。

cannot help *do*ing = cannot but *do*「～せずにはいられない」

hesitate to *do*「～することをためらう」

次の英文を読み，その文意にそって（　）に入れるのに最も適切なものを1，2，3，4の中から一つ選びなさい。

Dogs' Characters

It is often said that married couples tend to look like each other over time. Then, have you ever heard that dogs and their owners often look alike? It may sound a little funny, but it (**1**). According to a survey of about five hundred dog owners in Japan, about half of them think their dogs resemble them. Many of them feel they have similar personalities. In fact, the same research results were published in America, too.

The researchers at Michigan State University surveyed over 1,600 dogs from over 50 breeds*. They studied the dogs' personalities and found many similarities with their owners. For example, if the owner was an outgoing person, his or her dog tended to be active and excitable. On the other hand, if the owner was the kind of person who thought about things negatively, his or her dog tended to (**2**).

Why do dogs have similar characteristics to their owners? There are several possibilities. First, people tend to choose a dog that is suitable for them or their lifestyles. Second, while spending time together, the owners influence their dogs' personalities and decide how they behave. Similarly, if the owners have a good relationship with their dogs, their dogs tend to be calmer and behave well. What do all of these things mean? People must (**3**) dogs. In other words, dog owners can improve their own manners by observing their dogs.

*breed：品種

(1) **1** doesn't make sense   **2** is nothing but rumors
     3 isn't so far from the truth   **4** can be denied completely

(2) **1** be more fearful   **2** run around often
     3 become more aggressive   **4** feel very secure

(3) **1** stay away from   **2** set a good example for their
     3 study more about   **4** have more

[解答とポイント]

(1) 　**正解**　3

選択肢　**1**　意味をなさない　**2**　噂にすぎない　**3**　あながち間違いではない　**4**　全否定できる

ポイント　空所を含む文の直後の2文で，飼い犬が自分に似ていると思っている人が多いとわかるので，犬と飼い主が似るという説を肯定していると推測できる。

(2) 　**正解**　1

選択肢　**1**　より怖がりな　**2**　よく走り回る　**3**　より攻撃的になる　**4**　非常に安心する

ポイント　空所を含む文は，犬と飼い主のmany similarities「多くの類似点」の例なので，消極的な飼い主の犬は，飼い主と似たような性格になると推測できる。

(3) 　**正解**　2

選択肢　**1**　〜と距離を置く　**2**　自分の〜に良い例を示す　**3**　〜についてもっと学ぶ　**4**　もっと多くの〜を飼う

ポイント　最終段落第5文で，飼い主と犬の関係が良ければ，犬は穏やかな性格になり行儀も良くなる傾向があると述べられている。このことから，飼い主の振る舞いが良ければ犬の振る舞いも良くなるということが言えるので，空所を含む文を，飼い主が犬に良い振る舞いの例を示す必要があるという内容にすると論理的につながる。

訳　　犬の性格

　夫婦は時間がたつにつれ似る傾向があるとよく言われる。では，犬と飼い主が似ることもしばしばあるというのは聞いたことがあるだろうか。少しこっけいに聞こえるかもしれないが，あながち間違いではない。日本の約500人の犬の飼い主を対象にした調査によると，その約半数が，自分の犬が自分に似ていると思っている。その多くは，性格が似ていると感じている。実際にアメリカでも，同じ研究結果が発表されている。

　ミシガン州立大学の研究者は，50犬種，1600匹を超える犬の調査を行った。彼らは犬の性格を調べ，その飼い主との多くの類似点を見つけた。例えば，飼い主が外向的な人だと，その犬は活動的で興奮しやすい傾向があった。一方，飼い主が物事を消極的に考えるタイプだと，その犬はより怖がりになる傾向があった。

　なぜ犬は飼い主と似た性格を持つのだろうか。それにはいくつかの可能性がある。第一に，人々は自分や自分のライフスタイルに合った犬を選ぶ傾向がある。第二に，一緒に時間を過ごすうちに，飼い主が犬の性格に影響を与え，犬がどのように行動するのかを決める。同様に，飼い主と犬との関係が良好だと，犬は穏やかな性格になり，行儀が良くなる傾向がある。これらのことは何を意味するのだろう。人々が犬に良い例を示さなければならないということだ。言いかえれば，犬の飼い主は犬の振る舞いを見て，自分の振る舞いを改善することができるということだ。

次の英文を読み，その文意にそって（　　）に入れるのに最も適切なものを1，2，3，4の中から一つ選びなさい。

Sustainable Fashion

　Fast fashion is based on the idea of rapidly producing and selling a lot of clothing at low cost. It's especially popular among fashion-conscious people because they can easily enjoy dressing up like models. When it comes to the environmental impact, however, fast fashion (**1**). This is because producing a single suit of clothes requires a large amount of water and release a large amount of carbon dioxide. Furthermore, because of the low price, people tend to throw away clothes easily, which means a lot of waste.

　On the other hand, sustainable fashion is produced and sold in an environmentally friendly way. For example, sustainable fashion clothing is designed to be worn for many years. It's usually much more expensive than fast fashion clothing, but many people think it's worth buying. Also, some clothing stores (**2**) from customers and give it to people in need such as refugees. Some items are also recycled.

　Interestingly, traditional Japanese clothing, the kimono, is valuable in terms of sustainability. This is because kimonos don't usually come in and out of fashion. Also, they can be worn for a long period of time even if a person's body shape changes. Even if we don't have an opportunity to wear one, we can remake it into many kinds of items such as bags, dresses, and umbrellas. In this sense, people in the past may have been, without knowing it, (**3**) than people nowadays.

(1) **1**　is often blamed　　　　**2**　is necessary
　　　3　plays an important role　**4**　achieves its purpose

(2) **1**　pick up waste　　　　**2**　receive some money
　　　3　buy some wood　　　　**4**　collect old clothing

(3) **1**　less interested in fashion　　　**2**　less worried about money
　　　3　more environmentally friendly　**4**　more careful about cost

解答とポイント

(1) 正解 1

選択肢 **1** しばしば非難される **2** 必要である **3** 重要な役割を果たす **4** その目的を達成する

ポイント 空所を含む文の直後の文より，ファスト・ファッションの衣類の製造には大量の水が必要で，大量の二酸化炭素も排出すると述べられており，これは環境に悪影響を与えることになる。したがって，環境への影響という点では非難されるという内容にするのが適切。

(2) 正解 4

選択肢 **1** ごみを回収する **2** お金を受け取る **3** 木材を買う **4** 古着を回収する

ポイント 空所を含む文と直後の1文より，衣料品店が客から不要な衣類を回収し，困っている人々に与えたり，リサイクルしたりしていると推測できる。

(3) 正解 3

選択肢 **1** ファッションにあまり興味がない **2** お金のことをあまり心配していない **3** より環境に優しい **4** コストにより注意している

ポイント 着物の特徴と，着物がサステナビリティという観点で価値あることから，昔の人々と現代人を比較すると，昔の人々の方が環境に優しかったと言える。

訳 サステナブル・ファッション

ファスト・ファッションは大量の衣類を次から次へと低価格で製造，販売するという考えに基づく。気軽にモデルのように着飾ることを楽しめるので，それは流行に敏感な人々の間で特に人気が高い。しかし環境への影響となると，ファスト・ファッションはしばしば非難される。これは，1着の服を製造するには大量の水が必要で，そして大量の二酸化炭素を排出するからだ。さらに，価格が安いことから，人々は簡単に服を捨て，そのために大量のごみが出る。

一方，サステナブル・ファッションは，環境に優しい方法で製造，販売される。例えば，サステナブル・ファッションの衣類は何年も着られるようデザインされている。価格は通常，ファスト・ファッションの衣類よりもだいぶ高いが，多くの人々が買う価値があると考えている。また，客から古着を回収し，難民など，援助を必要としている人々に与える衣料品店もある。中にはリサイクルされるものもある。

興味深いことに，伝統的な日本の衣装である着物は，サステナビリティという観点で価値がある。これは，着物は通常，流行に左右されないからである。また，体型の変化にかかわらず，長い間着ることができる。たとえ着る機会がなくなっても，カバンやドレス，傘など，様々なものにリメイクすることができる。この意味では，昔の人々は無意識のうちに，現代人よりも環境に優しかったのかもしれない。

長文の穴うめ問題［B］・3

次の英文を読み，その文意にそって（　　）に入れるのに最も適切なものを1，2，3，4の中から一つ選びなさい。

Workcation

"Workcation" is a new word made of the words "work" and "vacation." It is said that the idea began in the US around 2000. A workcation allows employees to travel to anywhere they want and work there remotely. It's not a day off because they have to do their work. Japanese people are often said to overwork themselves. Partly for that reason, many companies, with the rapid spread of teleworking, have been focusing on this (　*1*　).

What are the benefits of a workcation? By working in a place such as a resort hotel or a spa, employees can (　*2*　). This makes it possible for them to work more efficiently. In addition, they can come up with new ideas and expand their network by spending time in a different place and meeting new people. As a result, employers can profit, too.

On the other hand, many companies have not decided to use the system yet for several reasons. First, there is concern over privacy and security. It is necessary for employers to resolve problems such as how to prevent theft* or loss of PCs and other devices. They have also the problem of working hours. It is difficult for employers to know how (　*3*　). Therefore, they have to find a way to check. And for all these things, it costs a lot of money.

*theft：盗難

(1) 　1　outdated employment system　　2　flexible working style
　　　3　hard work habit　　　　　　　　4　difficult business environment

(2) 　1　work against their will　　　　2　take a second job
　　　3　totally forget about work　　　4　escape from daily stress

(3) 　1　long employees worked　　　　2　many employees are on workcation
　　　3　much employees earned a month　4　much it costs for workcation

〔 解答とポイント 〕

(1) 【正解】 2

【選択肢】 **1** 時代遅れの雇用システム **2** 柔軟な労働形態 **3** 厳しい労働慣習
4 困難なビジネス環境

【ポイント】 最初から3文目より，ワーケーションとは，好きな場所へ行き，リモートで仕事をするという柔軟な労働形態であると推測できる。

(2) 【正解】 4

【選択肢】 **1** 渋々仕事をする **2** 副業をする **3** 仕事のことを完全に忘れる **4** 日常のストレスから逃れる

【ポイント】 空所を含む文の前半より，リゾートホテルや温泉地などの非日常的空間で仕事をすることが，従業員にどのような利点をもたらすかを考える。

(3) 【正解】 1

【選択肢】 **1** どのくらい長く働いたか **2** 何人の従業員がワーケーションをしているか **3** 従業員が1か月でいくら稼いだか **4** ワーケーションにはいくらかかるか

【ポイント】 空所を含む文の直前で，「労働時間の問題」があると述べている。労働時間の点で雇用者にとって知るのが難しいこととして適切なのは，従業員たちが実際に働いた時間である。

【訳】 ワーケーション

「ワーケーション」とは，仕事（work）と休暇（vacation）という語で作った新語である。その概念が生まれたのは2000年頃のアメリカだと言われている。ワーケーションにより，従業員は好きな場所へ行って，そこでリモートで仕事をすることができる。仕事をしなければならないので，休みというわけではない。日本人はしばしば働き過ぎと言われる。その理由もあって，急速なテレワークの普及に伴い，多くの企業がこの柔軟な労働形態に注目している。

ワーケーションの利点は何だろうか。リゾートホテルや温泉地などの場所で仕事をすることにより，従業員は日常のストレスから逃れることができる。これにより，彼らはより効率的に働くことができる。それに加え，異なる場所で時間を過ごし，新しい人々と知り合うことにより，新たなアイデアを思いついたり，人脈を広げたりすることができる。そしてその結果，雇用者も利益を得ることができる。

一方，多くの会社はいくつかの理由で，このシステムを導入することをまだ決断していない。第一に，プライバシーとセキュリティに懸念がある。雇用者はパソコンやその他の機器の盗難や紛失をどのように防ぐかなどの問題を解決する必要がある。労働時間の問題もある。従業員がどのくらい長く働いたか，雇用者が知るのが難しいのだ。そのため，それを確認する方法を見つけなくてはならない。そしてこれらすべてのことに，多くのお金がかかる。

談話標識を覚えよう！

談話標識（discourse marker）とは，文と文の論理的なつながりを示す語句のことです。談話標識が持つ意味を正しく理解することで，文章の流れを把握しやすくなるほか，英語の文章を書くときにも役立ちます。

原因・結果の関係を表す

because / since / as	～だから
because of / due to / on account of	～だから，～の理由で
The reason why ～ is that …	～である理由は，…
so / therefore / thus	だから，従って
This is why ～	これが～である理由です
as a result	その結果

Some people cook too much and throw some foods away. This is why the problem of food loss occurs.「多くの人々が食べ物を作りすぎ，それを捨てる。これが，フードロスの問題が起こる理由である」

情報を追加する

moreover / furthermore / besides / what is more / in addition	さらに，その上，加えて
in addition to ～	～に加えて，～以外に

We've rescued abandoned dogs. In addition to that, We've tried to find new owners for them.「私たちは捨て犬を救出している。それに加えて，彼らに新しい飼い主を探そうともしている」

対照・対比する

while	～ではあるものの，～である一方
on the other hand	一方では
on the contrary	それどころか

The policy won't unite people. On the contrary, it will divide the nation.「その政策は人々を1つにすることはないだろう。それどころか，それは国家を分断するだろう」

言いかえる

in short	要するに
that is / in other words	すなわち，言いかえれば

Most of them said nothing to my idea. In short, they didn't agree with it.「彼らの多くが私のアイデアに対して何も言わなかった。要するに，反対だったのだ」

Part 4

長文の内容に関する問題
（大問4）

大問4はメール文・説明文の内容に関する質問に答えたり，内容を表す文を完成させる問題。長文読解力が問われる。

長文の内容に関する問題

・大問4は長文の内容に関する質問への答えを選ぶ問題と，長文の内容を表す英文を完成させるのに適する語句を選ぶ問題。

・大問4には［A］，［B］の2問がある。

［A］ メール文（200語程度，3段落構成）で質問数は3問。内容は友人・知人・家族宛の日常生活に即した内容が中心だが，店から客への連絡など，事務的な内容の場合もある。

［B］ 説明文（300語程度，4段落構成）で質問数は4問。内容は3［B］とほぼ同じで歴史上の人物，文化，歴史，自然科学，環境，食生活・健康などに関するもの。

訳
The Roles of Urban Agriculture

Urban agriculture means farming in and around urban areas, and it plays a variety of roles in our daily lives. For example, urban agriculture can quickly supply fresh vegetables to the city center, where a lot of agricultural products are consumed. In addition, the farmland can provide a place to experience agriculture or can be a shelter in case of a disaster.

Thanks to urban agriculture,

1 people can get any kind of vegetable they want.

2 people can stay safe when a disaster happens.

3 people can make money by working on the farmland.

4 people can play various important roles in agriculture.　　　　正解　2

訳　　　　　　　　　　　　　都市農業の役割

　都市農業とは，都市部やその周辺での農業のことで，私たちの日常生活の中で様々な役割を果たしている。例えば，都市農業は，多くの農産物が消費される都心部に，新鮮な野菜を素早く供給することができる。また，農地は農業体験の場や，災害時の避難所となり得る。

質問の訳　都市農業のおかげで，

1 人々は欲しいどんな種類の野菜でも手に入れることができる　**2** 災害が起きても安全でいられる　**3** 人々は農地で働いてお金を稼ぐことができる　**4** 人々は農業において様々な重要な役割を果たすことができる

対策

・大問3同様，**指示語，談話標識，言いかえ・同意表現に注意**する。
・メール文では**特有の体裁に慣れて効率的に基本情報をつかむ**ことが重要。
・説明文では全体の段落構成を知り，**段落ごとの要旨をつかみながら論理の展開を追う。**
　[B] の説明文は，〈主題の提示→展開①→展開②→結論〉が基本的な構成。

ここがポイント！

❶　先に質問に目を通す

　大問4では，[A] [B] とも基本的に段落ごとに質問が1つずつ用意されている。**先に質問に目を通しておけば各段落で注意すべき点を押さえやすくなり，より正確に読み取ることができるし，**効率よく解答することができる。**例**は文章の内容を完成させるタイプの問題で，Thanks to urban agriculture，「都市農業のおかげで」に続くものを選ぶ。正解を探すには，4つの選択肢のうち本文で述べられているものを選べばよいので，読み進めながら正解を絞ることができる。

❷　ヘッダーなどから基本情報をつかむ

　メール文では，**本文の前にあるヘッダーから差出人（From），宛先（To），日付（Date），件名（Subject）がわかる。**これらの情報を得ておくことは，本文を正しく理解するうえで役立つ。また，本文では差出人と宛先の人物の人間関係をつかむことも重要。次のようなヘッダーから，トーマス・スミスという人物があることについてメアリー・ホワイトという人物に感謝の気持ちを抱いていることがわかる。

From: Thomas Smith <t-somith@springmail.com>
To: Mary White <mwhite@greenmail.com>
Date: November 11
Subject: Thank you!

❸　段落ごとの要旨をつかむ

　説明文では，まず**タイトルを読んで，何についての説明文なのかを把握**しよう。さらに，**説明文では普通，各段落にその段落の主旨を簡潔にまとめた文（トピックセンテンス）がある。**これをつかむことで，どのようなテーマについて何を説明しようとしているのかを推測しながら読むことが重要。**例**では，第1文と最終文が重要。第1文がトピックセンテンスで，「都市農業は，私たちの日常生活の中で様々な役割を果たしている」という内容をつかむ。続く第2文がFor example「例えば」で始まることから，その後には都市農業の役割の具体例が述べられていることがわかる。

次のメール文の内容に関する質問に対して最も適切なもの，または文を完成させるのに最も適切なものを1，2，3，4の中から一つ選びなさい。

From: Sophia Carter <scarter@happystar.com>
To: Olivia Johnson <o-johnson@planetmail.com>
Date: August 10
Subject: Going to Japan

....

Dear Olivia,

I'm Sophia, a third-year student at Sunny High School. I'm e-mailing you because I'm going to Japan next month through my school's study abroad program. I talked with Ms. Baker yesterday and she told me that you went to Japan through the same program last year. She gave me your e-mail address so that I could contact you and get information on life in Japan.

I've been studying Japanese for about three years, so I can understand it a little. However, I've never been abroad. I may miss my family. Above all, what I worry about the most now is whether I can get used to Japanese school. I hear Japanese people don't express their feelings very clearly. Can you give me some advice on communicating with Japanese students without our misunderstanding each other?

There are many more things I want to ask you. If it's OK with you, I want to talk face-to-face with you. Did you know about the Japan Festival being held next Sunday? It's an event introducing Japanese culture, entertainment, and food. I'll be there as a volunteer. I hope you will give me some time to talk with you after the festival.

I look forward to your reply.

Sincerely,

Sophia Carter

(1) Yesterday, Ms. Baker
   1   came back from Japan with Olivia.
   2   contacted Sophia by e-mail.
   3   told Sophia to e-mail Olivia.
   4   talked with Olivia about Sophia.

(2) What does Sophia want to know most?
   1   What to do to overcome homesickness.
   2   How she can get along with her classmates.
   3   Where she should visit in Japan.
   4   How to improve her Japanese skills.

(3) What does Sophia want Olivia to do?
   1   Work as a volunteer at the Japan Festival.
   2   Call Sophia as soon as possible.
   3   Give Sophia information on the Japan Festival.
   4   Talk with her next Sunday.

(1) 正解 3

質問の訳 昨日，ベーカー先生は

選択肢の訳 **1** オリビアと一緒に日本から戻った。 **2** メールでソフィアに連絡をとった。 **3** ソフィアにオリビアへメールをするように言った。 **4** オリビアとソフィアについて話した。

ポイント 昨日の出来事として，メール本文の第1段落4文目に She gave me your e-mail address so that I could contact you and get information on life in Japan.「彼女（＝ベーカー先生）は，私があなたに連絡をとって，日本の生活についての情報を得られるようにと，私にあなたのメールアドレスを教えてくれました」とある。「私」は差出人のソフィア，「あなた」はソフィアがメールを出した相手のオリビアである。

(2) 正解 2

質問の訳 ソフィアは何を一番知りたいと思っていますか。

選択肢の訳 **1** ホームシックを克服するために何をすべきか。 **2** どのようにしてクラスメイトと仲良くするか。 **3** 日本でどこを訪れるべきか。 **4** 日本語力をどのようにして高めるか。

ポイント 第2段落4文目に一番心配していることとして，whether I can get used to Japanese school「日本の学校に馴染めるか」とあり，さらにその2文あとで，Can you give me some advice on communicating with Japanese students without our misunderstanding each other?「日本の生徒たちと誤解し合うことなくコミュニケーションをとるうえでの助言をいただけないでしょうか」と頼んでいることから，日本のクラスメイトたちとうまくやっていく方法を知りたがっていると考えられる。

(3) 正解 4

質問の訳 ソフィアはオリビアに何をしてほしいと思っていますか。

選択肢の訳 **1** ジャパン・フェスティバルでボランティアとして働く。 **2** できるだけ早くソフィアに電話をする。 **3** ソフィアにジャパン・フェスティバルについての情報を与える。 **4** 今度の日曜日に彼女と話をする。

ポイント ソフィアはオリビアに直接会って話したいと思っており，I hope you will give me some time to talk with you after the festival.「（今度の日曜日に開かれる）フェスティバルのあとで，お話しする時間をいただけたらうれしいです」と書いている。

差出人：ソフィア・カーター<scarter@happystar.com>
宛先：オリビア・ジョンソン<o-johnson@planetmail.com>
日付：8月10日
件名：日本へ行きます
拝啓，オリビアさん，

私はソフィア，サニー高校の3年生です。学校の留学プログラムで来月日本に行くので，あなたにメールをさせていただきました。昨日、ベーカー先生と話をして，彼女は私にあなたが去年同じプログラムで日本へ行ったと言いました。私があなたに連絡をとって，日本の生活についての情報を得られるようにと，先生があなたのメールアドレスを教えてくれました。

私は約3年間日本語を勉強しているので，少しは理解できます。でも，海外へは一度も行ったことがありません。家族が恋しくなってしまうかもしれません。何よりも，今のところ私が一番心配しているのは，日本の学校に馴染めるかということです。日本人はあまりはっきりと気持ちを表さないと聞きます。日本の生徒たちと誤解し合うことなくコミュニケーションをとるうえでの助言をいただけないでしょうか。

あなたに伺いたいことは他にもたくさんあります。もしよろしければ，直接お話ししたいです。今度の日曜日に開かれるジャパン・フェスティバルをご存じでしたか。日本文化や娯楽，食べ物を紹介するイベントです。私はボランティアとしてそこに行きます。フェスティバルのあとで，お話しする時間をいただけたらうれしいです。
お返事お待ちしています。
敬具
ソフィア・カーター

覚えよう！　重要語句・表現

e-mail「Eメール」（名詞），「〜にEメールを送る」（動詞）の2つの働きがある。

so that 〜「〜するように」　※「目的」を表す。

above all「何よりも」

what I worry about the most now is 〜.「今のところ私が一番心配しているのは〜」
　　※構造に注意。what は関係代名詞。what 節（what I worry about now）が主
　　　語の文。

whether 〜「〜かどうか」

get used to 〜「〜に馴染む」

things I want to ask you「あなたに聞きたいこと」
　　※名詞（things）を〈主語＋動詞〉が後ろから修飾する文。目的格の関係代名
　　　詞を使い，things that I want to ask you と表すこともできる。

Sincerely,　メールや手紙の最後に添える語。「敬具」に当たる。

次のメール文の内容に関する質問に対して最も適切なもの，または文を完成させるのに最も適切なものを1，2，3，4の中から一つ選びなさい。

From: Hillary Miller <hmiller@hellomail.com>
To: David Wilson <d-wilson@bridgemail.com>
Date: June 3
Subject: Thanks!

....

Dear David,

Thank you for sending me the pictures of our camping trip. I was so busy writing reports for college until yesterday, that I've just seen your e-mail. I'm sorry that my reply is late. The pictures reminded me of the very fun three days we spent in the mountains last month. I'll never forget the beautiful sunset from the camping site. I'll also attach the pictures I took there to this e-mail.

Do you remember the boy and his parents who stayed in the tent next to us? Three days ago, when studying in the college library, I saw the boy! His name is Liam, and, to my surprise, he goes to the same college as mine. He lives with his parents in your town now.

Liam likes football and he's interested in joining a local football club. So he was very interested to hear that you were a member of the Phoenix Football Club. He wishes to observe your club's practice and learn about the club in detail. Can you talk with your coach and find a chance to do that for him? He's a good guy and I think you'll be good friends.

Your friend,
Hillary

---

(1) Yesterday, Hillary

    1 enjoyed camping with David.

    2 opened the e-mail from David.

    3 worked on her reports.

    4 sent pictures of their camping trip to David.

(2) What happened three days ago?

    1 Liam met Hillary at the camping site.

    2 Liam studied with Hillary at the library.

    3 Hillary remembered enjoying camping with David.

    4 Hillary met Liam at her college.

(3) What does Hillary ask David to do?

    1 Let Liam see his football practice.

    2 Become a coach of Liam's football club.

    3 Send an e-mail to Liam.

    4 Go camping with Hillary and Liam.

［ 解答とポイント ］

(1) **正解** 3

質問の訳 昨日, ヒラリーは

選択肢の訳 **1** デイビッドとキャンプを楽しんだ。 **2** デイビッドからのメールを開いた。 **3** レポートに取り組んだ。 **4** デイビッドにキャンプ旅行の写真を送った。

ポイント メール本文の第1段落2文目にI was so busy writing reports for my college until yesterday「昨日まで大学のレポートを書くのにとても忙しかった」とある。

(2) **正解** 4

質問の訳 3日前に何が起こりましたか。

選択肢の訳 **1** リアムがキャンプ場でヒラリーに会った。 **2** リアムが図書館でヒラリーと勉強した。 **3** ヒラリーがデイビッドとキャンプを楽しんだことを思い出した。 **4** ヒラリーが自分の大学でリアムに会った。

ポイント 第2段落第2文に「3日前に」とあり, それに続けて大学の図書館でリアムに会ったことが述べられている。

(3) **正解** 1

質問の訳 ヒラリーはデイビッドに何をしてほしいと頼んでいますか。

選択肢の訳 **1** リアムに彼のサッカーの練習を見学させてあげる。 **2** リアムのサッカークラブのコーチになる。 **3** リアムにメールを送る。 **4** ヒラリーとリアムと一緒にキャンプに行く。

ポイント 第3段落3文目より, リアムはデイビッドのサッカークラブの練習を見学したいと思っている。そのことについて, Can you talk with your coach and find a chance to do that for him?「コーチに話して, 彼のためにその機会を見つけてあげてくれない?」と頼んでいることから考える。

82

全訳

差出人：ヒラリー・ミラー <hmiller@hellomail.com>

宛先：デイビッド・ウィルソン <d-wilson@bridgemail.com>

日付：6月3日

件名：ありがとう！

こんにちは，デイビッド，

キャンプ旅行の写真を送ってくれてありがとう。昨日まで大学のレポートを書くのにとても忙しくて，たった今あなたからのメールを見たの。返事が遅れてごめんなさい。写真を見て，先月の山で過ごしたとても楽しい3日間を思い出したわ。キャンプ場から見た美しい夕日は，決して忘れない。私がそこで撮った写真もこのメールに添付するわね。私たちのテントの隣にいた男の子と両親を覚えている？　3日前，大学の図書館で勉強していたときに，その男の子に会ったの！　彼の名前はリアムで，驚いたことに，彼は私と同じ大学に通っているの。彼は今，両親と一緒にあなたの町に住んでいるのよ。リアムはサッカーが好きで，地元のサッカークラブに入ることに興味を持っているの。だからあなたがフェニックス・サッカー・クラブのメンバーだと聞いて，とても興味を持っていたわ。あなたのクラブの練習を見学して，クラブについて詳しく知りたがっているわ。コーチに話して，彼のためにその機会を見つけてあげてくれない？　彼はいい人だし，あなたたちは良い友達になれると思うわ。

あなたの友達

ヒラリー

> メール文は2人の人物のやり取りです。書き手と相手との関係には特に注意して読みましょう。

覚えよう！　重要語句・表現

Thank you for 〜ing.「〜してくれてありがとう」

busy 〜ing「〜するのに忙しい」

remind 〜 of ...「（人）に…を思い出させる」

the boy and his parents who stayed in the tent
　「テントに泊まっていた男の子と両親」
　　※who は主格の関係代名詞。名詞（the boy and his parents）を〈who ＋動詞〉が後ろから修飾している。

when studying「（私が）勉強していたとき」
　　※分詞構文。when I was studying と同じ意味。

to my surprise「（私が）驚いたことに」

in detail「詳しく」

83

次のメール文の内容に関する質問に対して最も適切なもの，または文を完成させるのに最も適切なものを 1，2，3，4 の中から一つ選びなさい。

From: Angela Smith <a-smith@rivermail.com>
To: Isabella Taylor <itaylor@skymail.com>
Date: November 6
Subject: Dog-friendly room

....

Dear Ms. Taylor,

This is Angela Smith. I'm in charge of reservations at Green Hotel Group. Thank you for the inquiry yesterday through the inquiry form on the Lotus Hotel's website. I'm so sorry to inform you that dog-friendly rooms in the Lotus Hotel won't be available until December 6, the day after you requested a room. Now, we are remodeling those rooms. Instead, I recommend one of our other hotels, the Park View Hotel.

The Park View Hotel is located just a few blocks away from the Lotus Hotel, on Pine Tree Avenue. It's a hotel with 88 rooms, including five dog-friendly rooms of two types, Type A and Type B, on the ground floor. One to three adults with two dogs can stay in a room. A breakfast buffet at the Garden Restaurant is included. If your dog is active and loves to play, I recommend Type A as the rooms have larger gardens.

As of today, one Type A and two Type Bs are available. It is recommended that you make a reservation as soon as possible. For the dogs staying at the Park View Hotel, we offer special dishes. Choose one dish from the attached menu and let us know by the day before your stay. When you check-in, please pay the fee by cash or credit card.

Sincerely,

Angela Smith

(1) On November 5, Isabella
  1 stayed at the Lotus Hotel with her dog.
  2 contacted the Lotus Hotel online.
  3 sent an e-mail to the Park View Hotel.
  4 heard about the Park View Hotel.

(2) What is one difference between Type A and Type B rooms?
  1 The number of dogs that can stay in a room.
  2 The food served for breakfast.
  3 The floors where the rooms are located.
  4 The size of the gardens.

(3) What does Angela ask Isabella to do by the day before her stay?
  1 Pay for her room in advance.
  2 make sure she makes a reservation.
  3 Order special food for her dog.
  4 Send her a picture of the dog.

(1) **正解** 2

質問の訳 11月5日, イザベラは

選択肢の訳 **1** ロータス・ホテルに犬と泊まった。 **2** ロータス・ホテルにオンラインで連絡をとった。 **3** パーク・ビュー・ホテルにメールを送った。 **4** パーク・ビュー・ホテルについて聞いた。

ポイント アンジェラがイザベラにメールを送ったのが11月6日であること, メール本文の第1段落3文目にThank you for the inquiry yesterday through the inquiry form on the Lotus Hotel's website.「昨日はロータス・ホテルのウェブサイトの問い合わせフォームよりお問い合わせいただき, ありがとうございます」とある。

(2) **正解** 4

質問の訳 AタイプとBタイプの部屋の違いの1つは何ですか。

選択肢の訳 **1** 1部屋に泊まれる犬の数。 **2** 朝食に出される食べ物。 **3** 部屋のある階。 **4** 庭の広さ。

ポイント 第2段落最終文にAタイプの説明として, the rooms have larger gardens「庭が(Bタイプより)広い」とある。

(3) **正解** 3

質問の訳 アンジェラはイザベラに, 宿泊の前日までに何をするように頼みましたか。

選択肢の訳 **1** 事前に宿泊料金を払う。 **2** 確実に予約する。 **3** 彼女の犬のために特別な料理を注文する。 **4** 彼女の犬の写真を送る。

ポイント 第3段落3～4文目に犬用の特別料理について説明があり, Choose one dish from the attached menu and let us know by the day before your stay.「添付のメニューから1品お選びいただき, ご宿泊の前日までにお知らせください」と頼んでいる。

差出人：アンジェラ・スミス<a-smith@rivermail.com>
宛先：イザベラ・テイラー <itaylor@skymail.com>
日付：11月6日
件名：ドッグ・フレンドリー・ルーム
拝啓，テイラー様

こちらはアンジェラ・スミスです。グリーン・ホテル・グループの予約担当をしております。昨日はロータス・ホテルのウェブサイトの問い合わせフォームよりお問い合わせいただき，ありがとうございます。大変申し訳ありませんが，ロータス・ホテルのドッグ・フレンドリー・ルームはリクエストいただいた日の翌日，12月6日までご利用いただけません。ただいま，それらの部屋は改装中なのです。代わりに，当社ホテルの1つ，パーク・ビュー・ホテルをお勧めします。

パーク・ビュー・ホテルはロータス・ホテルのほんの数ブロック先，パインツリー・アベニューに位置します。全88室のホテルで，1階にAタイプとBタイプの2種類のドッグ・フレンドリー・ルーム5室があります。1部屋には大人1〜3人，犬2匹でお泊りいただけます。ガーデン・レストランでの朝食ビュッフェが含まれます。あなたのワンちゃんが活動的で遊ぶのが大好きでしたら，庭が広いのでAタイプをお勧めします。

今日現在，Aタイプ1室とBタイプ2室に空きがございます。できるだけ早くご予約いただくことをお勧めします。パーク・ビュー・ホテルにご滞在のワンちゃんのために特別料理をご用意しております。添付のメニューから1品お選びいただき，ご宿泊の前日までにお知らせください。チェックインの際は，料金を現金またはクレジットカードでお支払い願います。

敬具，
アンジェラ・スミス

覚えよう！　**重要語句・表現**

in charge of 〜「〜を担当して」
I'm so sorry to inform you that 〜.「大変申し訳ありませんが，〜です」
be located 〜「〜にある［位置する］」
as of 〜「〜の時点で」
It is recommended that 〜「〜をお勧めする」
　※ recommend のあとはふつう，（動）名詞または that 節が続く。
make a reservation「予約する」
the dogs staying at the Park View Hotel「パーク・ビュー・ホテルに滞在している犬」
　※構造に注意。現在分詞（staying）を使って名詞を後ろから修飾している。
the day before your stay「宿泊の前日」
in advance「前もって，事前に」

次の英文の内容に関する質問に対して最も適切なもの，または文を完成させるのに最も適切なものを1，2，3，4の中から一つ選びなさい。

The Power of Music

There is a theory that listening to classical music, especially Mozart, is good for both pregnant* women and babies. One of the reasons often said is that Mozart's melody has the rhythm and the intensity of sound that are similar to the sound of a stream and the song of a bird. They make people relaxed. Though the theory has little scientific basis, many pregnant women like to play classical music to their babies.

It is not only mothers who believe in the power of music. Mrs. Dorothy Retallack, who was a student at Temple Buell College about 50 years ago, did an experiment on the impact of music on plants. She divided some plants into two groups and played them different music, both classical and rock. The result was that the plants in the classical room grew well and those in the rock room died. Her findings were surprising, but the truth remains unknown because no further experiments were done.

There is no scientific proof that music helps plants grow. Still, many researchers are willing to believe so. Of course, they don't think that plants actually "hear" music, but there are some researchers who think that an environment where plants are given music promotes their growth. So far, it has been widely accepted that the vibrations created by sound waves probably have some effect on plant growth.

Farmers in Japan are also paying attention to the effect of music on plants. On a farm in Shizuoka prefecture, Mozart helps Japanese mustard spinach, *komatsuna* grow. Every day from 8 a.m. to 5 p.m., piano music is played in the *komatsuna* greenhouses. On another farm in Kagoshima Prefecture, Mozart is played to grapes. It also holds a concert under the grape trees so that people can enjoy gathering grapes, while listening to classical music.

*pregnant：妊娠している

(1) Why is Mozart's music often thought to be good for babies?

    1 Because Mozart's music has some similarities to the sounds heard in nature.

    2 Because the positive effects of Mozart's music on babies are scientifically proven.

    3 Because many of Mozart's works were composed for babies.

    4 Because other classical music doesn't have a positive effect on babies.

(2) What is true about Dorothy's experiment?

    1 The plants were divided into two groups: those with music and those without.

    2 The effects the music brought depended on the style of music.

    3 No one was surprised at her findings.

    4 Many experiments were done after the first experiment.

(3) Which is thought to be true about plant growth?

    1 An environment where there is no music is good for it.

    2 A farmer who loves music grows plants better.

    3 Many different types of vibration have some good effects on it.

    4 The vibrations caused by sound waves have something to do with it.

(4) On a *komatsuna* farm,

    1 visitors can play music in a greenhouse.

    2 rock music is played to promote the growth of crops.

    3 music is played in the greenhouses during the daytime.

    4 people can enjoy classical music concerts in a greenhouse.

［ 解答とポイント ］

(1) 　**正解**　1

　質問の訳　なぜモーツァルトの音楽は，赤ちゃんのために良いとしばしば考えられていますか。

　選択肢の訳　**1**　モーツァルトの音楽には自然の中で聞こえる音と共通点があるから。
2　モーツァルトの音楽の赤ちゃんへの良い効果が，科学的に証明されているから。　**3**　モーツァルトの音楽の多くは，赤ちゃんのために作曲されたものだから。　**4**　他のクラシック音楽には赤ちゃんへの良い効果がないから。

　ポイント　第1段落2文目に Mozart's melody has the rhythm and the intensity of sound that are similar to the sound of a stream and the song of a bird「モーツァルトのメロディーには，小川のせせらぎや小鳥のさえずりに似たリズムと音の強さがある」とある。小川のせせらぎや小鳥のさえずりを，自然の中で聞こえる音と言いかえている。

(2) 　**正解**　2

　質問の訳　ドロシーの実験について正しいのはどれですか。

　選択肢の訳　**1**　植物を音楽のある方とない方の2つのグループに分けた。　**2**　音楽がもたらした効果は,音楽の種類によって決まった。　**3**　彼女の発見にだれも驚かなかった。　**4**　最初の実験のあと，多くの実験が行われた。

　ポイント　第2段落4文目に実験結果として，the plants in the classical room grew well and those in the rock room died「クラシックの部屋の植物はよく成長し，ロックの部屋の植物は枯れた」とある。

(3) 　**正解**　4

　質問の訳　植物の成長について正しいと考えられているのはどれですか。

　選択肢の訳　**1**　音楽がない環境がそのためには良い。　**2**　音楽を愛する農家が植物をよりよく育てる。　**3**　様々な種類の振動がそれに良い効果を持つ。　**4**　音波が起こす振動は，それと何らかの関係がある。

　ポイント　第3段落最終文に it has been widely accepted that the vibrations created by sound waves probably have some effect on plant growth「音波によって起こる振動が植物の成長に何らかの効果を与えているかもしれないということが，一般に受け入れられている」とある。

(4) 　**正解**　3

　質問の訳　小松菜農場では,

　選択肢の訳　**1**　訪れた人々が温室の中で音楽を演奏できる。　**2**　作物の成長を促進するために,ロック音楽が流れている。　**3**　日中,温室の中で音楽が流れている。　**4**　人々が温室の中でクラシックコンサートを楽しむことができる。

　ポイント　第4段落3文目に, Every day from 8 a.m. to 5 p.m., piano music is played in the *komatsuna* greenhouses.「毎日午前8時から午後5時まで，小松菜の温室でピアノ音楽が流される」とある。

訳　音楽の力

クラシック音楽，中でもモーツァルトを聞くことは，妊娠中の女性にとっても赤ちゃんにとっても良いという説がある。よく言われる理由の1つは，モーツァルトのメロディーには，小川のせせらぎや小鳥のさえずりに似たリズムと音の強さがあるということだ。それらは人々をリラックスさせる。この説には科学的根拠がほとんどないものの，多くの妊婦は赤ちゃんのためにクラシック音楽を聞かせることを好む。

音楽の力を信じているのは母親だけではない。ドロシー・リタラック夫人は，約50年前にテンプル・ビュエル大学の学生で，音楽が植物に与える影響について実験を行った。彼女は植物を2つのグループに分け，クラシック音楽とロック音楽という異なる音楽を聞かせた。その結果，クラシックの部屋の植物はよく成長し，ロックの部屋の植物は枯れた。彼女の発見は驚くべきものだったが，さらなる実験が行われなかったため，真実は知られぬままである。

音楽が植物の成長を助けるという科学的な証拠はない。それでもなお，多くの研究者はそれを信じようとしている。もちろん，植物が実際に音を「聞いて」いるとは考えていないが，植物に音楽が与えられる環境が植物の成長を促進すると考える研究者もいる。現時点では，音波によって起こる振動が植物の成長に何らかの効果を与えているかもしれないということが，一般に受け入れられている。

日本の農家もまた，音楽が植物に与える効果に注目している。静岡県のある農家では，小松菜の成長にモーツァルトが一役買っている。毎日午前8時から午後5時まで，小松菜の温室でピアノ音楽が流される。鹿児島県にある別の農家では，ブドウにモーツァルトを聞かせている。そこではまた，ブドウの木の下でのコンサートも開催され，人々はクラシック音楽を聞きながらブドウ狩りを楽しむことができる。

覚えよう！　**重要語句・表現**

similar to ～「～に似た」

It is not only ～ who ...「…であるのは～だけではない」

Mrs. Dorothy Retallack, who was a student at Temple Buell College about 50 years ago, ...

「ドロシー・リタラック夫人は，約50年前にテンプル・ビュエル大学の学生で，…」

※関係代名詞whoの前にコンマがあるので，追加的な説明をする働きを持つ。

do an experiment on ～「～についての実験をする」

※doの他，conduct, carry out, performなどの動詞も使われる。

divide A into B「AをBに分ける」

be willing to ～「進んで～する，～する意思がある」

pay attention to ～「～に注目する，～に注意を払う」　※= focus on ～

次の英文の内容に関する質問に対して最も適切なもの，または文を完成させるのに最も適切なものを1，2，3，4の中から一つ選びなさい。

Floating Schools

Bangladesh is one of the countries that is vulnerable* to the impacts of climate change. Climate change caused by global warming has caused more floods in Bangladesh in recent years. During the rainy season annually, about one-third of the land in the country is covered with water because of the increasing rainfall. As a result, many children cannot go to school. In addition, in some areas, many children have to walk a long distance to school, which is sometimes very dangerous.

In order to solve these problems, the Shidhulai Swanirvar Sangstha (SSS), a non-profit organization in Bangladesh, started floating schools. They are schools on boats for children living in areas where floods often happen. Each boat has a classroom for 30 students, and it has books and computers connected to the Internet. Furthermore, electricity used on floating schools is generated by solar power, so floating schools do not have any negative impact on the environment.

Floating schools usually include a library and play equipment such as a swing and a slide, allowing children to enjoy their school experience in the same way that children studying on land do. Children can get their basic primary education there, including learning how to use a computer, how to draw digital pictures, and so on. Children also receive an environmental education. Floating schools can provide evening classes for working students because of their solar power. Thanks to all these things, the number of students who drop out has been decreasing rapidly.

Floating schools are helpful not only for children but also for youth, women, and senior citizens. They get computer skills and learn about sustainable agriculture, climate change, human rights, and so on. Floating schools can be built anywhere there is water. Actually, floating schools have been introduced in many island countries and countries with many rivers such as the Philippines, Cambodia, and Nigeria.

*vulnerable：弱い

(1) What problem does Bangladesh have?

    1 Many children have died because of increasing floods in recent years.

    2 Learning places for children have been destroyed because of floods.

    3 About one-third of the children in the country can't go to school.

    4 Because of floods, many schools are forced to move to other areas.

(2) Floating schools in Bangladesh

    1 have been operated by the government of Bangladesh.

    2 are run on money earned by selling electricity generated by solar power.

    3 are eco-friendly schools that have less impact on the environment.

    4 have an average of 30 classrooms with computers.

(3) What is true about the students studying at floating schools?

    1 They study on a boat every day only during the daytime.

    2 They sometimes visit schools on land to get computer skills.

    3 There are many students who quit school.

    4 Some of them go to school and work too.

(4) The idea of floating school

    1 cannot be accepted in many developed countries.

    2 is only useful for child education in developing countries.

    3 has been introduced to many communites which have many rivers.

    4 will also be helpful in countries without a sea or river.

(1) **正 解** 2

質問の訳　バングラデシュにはどのような問題がありますか。

選択肢の訳　**1**　近年増加している洪水により，多くの子供たちが亡くなっている。
2　子供たちの学びの場が洪水のために失われている。　**3**　国内の子供の約3分の1が学校に行くことができない。　**4**　洪水のために，多くの学校が他の地域に移転せざるを得なくなっている。

ポイント　第1段落4文目に洪水の影響として，many children cannot go to school「多くの子供たちが学校に行けない」とある。

(2) **正 解** 3

質問の訳　バングラデシュのフローティング・スクールは，

選択肢の訳　**1**　バングラデシュ政府によって運営されている。　**2**　太陽光で発電した電力を売って得たお金で運営されている。　**3**　環境への影響が少ない，環境に優しい学校である。　**4**　コンピューターを備えた，平均30教室がある。

ポイント　第2段落最終文で，フローティング・スクールで使われる電力は，太陽光によって発電されていることが述べられている。その結果として，同じ文の後半 floating schools do not have any negative impact on the environment「フローティング・スクールは環境に悪影響を与えることはない」ということが言える。

(3) **正 解** 4

質問の訳　フローティング・スクールで学んでいる生徒について正しいのはどれですか。

選択肢の訳　**1**　毎日日中のみ船で勉強する。　**2**　コンピューターの技術を身に付けるために時々陸地の学校を訪れる。　**3**　学校を辞めてしまう生徒が多い。　**4**　働きながら学んでいる者もいる。

ポイント　第3段落4文目に Floating schools can provide evening classes for working students because of their solar power.「フローティング・スクールは太陽光により，働く生徒たちのために夜間授業を提供することも可能である」とある。

(4) **正 解** 3

質問の訳　フローティング・スクールの考え方は，

選択肢の訳　**1**　先進国の多くで受け入れられるはずがない。　**2**　発展途上国の子供の教育にのみ有効である。　**3**　川の多い世界の他のコミュニティに導入されている。
4　海や川のない国でも役立つだろう。

ポイント　第4段落3文目に，Floating schools can be built anywhere there is water.「フローティング・スクールは，水がある場所ならどこにでも建設することができる」とあり，フィリピン，カンボジア，ナイジェリアなどで導入されている例が述べられている。

　バングラデシュは気候変動の影響に弱い国の1つである。地球温暖化を原因とする気候変動により，バングラデシュでは近年，ますます多くの洪水が起こっている。毎年雨季には，雨量の増加により，国土の約3分の1が水に覆われる。その結果，多くの子供たちが学校に行けなくなる。それに加え，地域によっては多くの子供たちが学校までの長い道のりを歩かなければならず，それはときにとても危険である。

　これらの問題を解決するため，シドゥライ・スワニバール・サングスタ（SSS）というバングラデシュのNPO団体は，フローティング・スクール（水に浮かぶ学校）を開始した。それは洪水がよく起こる地域に住む子供たちのための船上の学校である。それぞれのボートには30人の生徒が入れる教室があり，本やインターネットに接続されたコンピューターがある。さらに，フローティング・スクールで使われる電力は太陽光によって発電されているので，フローティング・スクールは環境に悪影響を与えることはない。

　フローティング・スクールには大抵，図書館と，ブランコや滑り台などの遊具があるので，子供たちは陸地の学校で勉強する子供たちと同じような体験を楽しむことができる。彼らはコンピューターの使い方やデジタル画像の描き方の学習などを含む，初等教育を受けることができる。子供たちは環境教育を受けることもできる。フローティング・スクールは太陽光発電により，働く生徒たちのために夜間授業を提供することも可能である。これらすべてのお陰で，学校を辞める子供の数は劇的に減少している。

　フローティング・スクールは子供だけでなく，若者，女性，高齢者にとっても役に立つ。彼らはコンピューター技能を習得し，持続可能な農業や気候変動，人権などについて学んでいる。フローティング・スクールは，水がある場所ならどこにでも建設することができる。実際，フィリピン，カンボジア，ナイジェリアなど多くの島国や川の多い国で，フローティング・スクールが導入されている。

覚えよう！　重要語句・表現

be vulnerable to ～「～に対して弱い」

as a result「その結果」

in addition「それに加えて」 / furthermore「さらに」　※追加の意味を表す

many children have to walk a long distance to school, which is sometimes very dangerous
　「多くの子供たちが学校までの長い道のりを歩かなければならず，それはときにとても危険である」

※ which の前にコンマがあるので，which 以下は直前の内容に追加的な説明を加える働きを持つ。

not only A but also B「AだけでなくBも」

anywhere there is water「水がある場所ならどこにでも」

※ = at any place where there is water

次の英文の内容に関する質問に対して最も適切なもの，または文を完成させるのに最も適切なものを1，2，3，4の中から一つ選びなさい。

Worm Hotel

The Netherlands is a country known for its windmills, tulips, canals of Amsterdam and so on. Unfortunately, increasing amounts of garbage have been a big problem in this beautiful country. According to a survey, in 2020, the amount of garbage collected per person was about 520 kg a year. Most of the garbage was fruit and vegetable waste. To deal with this problem, community residents and officials in Amsterdam introduced "worm hotels."

Worm hotels are containers placed on the streets which compost* vegetables, fruits, and garden waste with the help of worms. Because the composting starts immediately, no bad smell is generated. They accept household garbage such as vegetable peelings, tea bags, and eggshells. Paper towels and garden waste can also be composted at worm hotels. Meat, fish, bread, oil, sauce and other cooked foods should not be used.

The greatest benefit of worm hotels is that the total amount of garbage can be reduced dramatically. Moreover, garbage composted at worm hotels works as a high-quality soil improver, which helps plants and vegetables grow. The compost produced at worm hotels is taken once or twice a year by the local people who participate in the activity of worm hotels. They use it for their gardens and flowerpots. The harvest festival is held then, and neighbors enjoy a drink or snack.

Worm hotels are not only good for the environment. They also have a positive influence on society. Neighbors teach each other and their children about waste recycling and living a sustainable life style. At the same time, managing worm hotels together makes community relations stronger. The number of worm hotels has been increasing all over the country, helping to realize the dream of a recycling society.

*compost：堆肥，堆肥にする

(1) Why were worm hotels created?

    1 Because local residents were troubled by a huge outbreak of worms.

    2 Because there was a large amount of waste in the country.

    3 Because a certain kind of worm was in danger of extinction.

    4 Because the amount of non-burnable waste increased.

(2) What is true about worm hotels?

    1 They compost any type of food waste.

    2 They sometimes give off a terrible smell.

    3 They are usually used in home kitchens.

    4 They accept domestic garbage including some paper.

(3) What happens to the compost produced at worm hotels?

    1 It is used to make soil better and grow plants and vegetables.

    2 It is collected every month and used for flower gardens.

    3 It is collected and sent to a city outside Amsterdam.

    4 It is recycled to raise worms in different worm hotels.

(4) With the increase in the number of worm hotels,

    1 the idea of rebuilding hotels has spread throughout the country.

    2 the number of people who throw away garbage has decreased.

    3 the neighborhood connections have become stronger.

    4 the population of Amsterdam has increased.

(1) 【正解】 2

質問の訳 ワームホテルはなぜ生まれましたか。

選択肢の訳 **1** 地元住民がミミズの大量発生に悩まされていたから。 **2** 国内に大量のごみがあったから。 **3** ミミズの一種が絶滅の危機にあったから。 **4** 不燃ごみの量が増加したから。

ポイント 第1段落2文目に increasing amounts of garbage have been a big problem in this beautiful country「この美しい国で，増加し続けるごみが大きな問題になっている」とあり，ワームホテルは To deal with this problem「この問題に対処するために」生まれた。

(2) 【正解】 4

質問の訳 ワームホテルについて正しいのはどれですか。

選択肢の訳 **1** あらゆる種類の食品ごみを堆肥にする。 **2** ときどきひどい臭いが発生する。 **3** 通常，家庭の台所に置かれる。 **4** 一部の紙を含む，家庭ごみを受け入れる。

ポイント 第2段落3～4文目にワームホテルで処理できるものとして，household garbage「家庭ごみ」のほかに，paper towels「ペーパータオル」，garden waste「庭から出るごみ」を挙げている。

(3) 【正解】 1

質問の訳 ワームホテルで作られた堆肥はどうなりますか。

選択肢の訳 **1** 土壌を改善し，植物や野菜を育てるのに使われる。 **2** 毎月収集され，花壇に使用される。 **3** 集められ，アムステルダムの市外に送られる。 **4** 別のワームホテルでミミズを育てるためにリサイクルされる。

ポイント 第3段落2文目に garbage composted at worm hotels works as a high-quality soil improver, which helps plants and vegetables grow「ワームホテルで堆肥化されたごみは，高品質の土壌改良剤として機能し，植物や野菜の成長を促す」とある。

(4) 【正解】 3

質問の訳 ワームホテルの数が増加するにつれ，

選択肢の訳 **1** ホテルを再建するという考えが国中に広まっている。 **2** ごみを捨てる人の数が減少している。 **3** 近所のつながりが強まっている。 **4** アムステルダムの人口が増加している。

ポイント 第4段落4文目に managing worm hotels together makes community relations stronger「一緒にワームホテルを管理することにより，地域のつながりを強める」とある。

訳 ワームホテル

オランダは風車やチューリップ，アムステルダムの運河などで知られる国である。残

念ながら，この美しい国で，増加し続けるごみが大きな問題になっている。調査によると，2020年の1人あたりのごみ回収量は，年間約520キロだった。ごみの多くは果物や野菜のくずだった。この問題に対処するため，アムステルダムの地域住民や役人は，「ワームホテル（ミミズのホテル）」を導入した。

　ワームホテルは，ミミズの助けを借りて野菜，果物，庭から出るごみなどを堆肥にする，道に置かれた容器である。すぐに堆肥化が始まるので，悪臭を放つことはない。野菜くずやティーバッグ，卵の殻などの家庭ごみを受け入れる。ペーパータオルや庭から出るごみなどもまた，ワームホテルで堆肥化することができる。肉，魚，パン，油，ソースやその他の調理済み食品は使用に適さない。

　ワームホテルの最大の利点は，ごみの総量を大幅に減らすことができることだ。さらに，ワームホテルで堆肥化されたごみは，高品質の土壌改良剤として機能し，植物や野菜の成長を促す。ワームホテルで作られた堆肥は年に1〜2度，ワームホテルの活動に参加した地元の人々によって引き取られる。彼らはそれを庭や植木鉢のために使うのだ。そのときには収穫祭も開かれ，近所の人々で飲み物や軽食を楽しむ。

　ワームホテルは環境のためになるだけではない。社会にも良い影響をもたらす。近所の人々はごみのリサイクルと，持続可能な暮らし方について互いに教え合って，子供たちに教える。同時に，一緒にワームホテルを管理することにより，地域のつながりを強める。ワームホテルの数は国中で増加しており，循環型社会という夢の実現に一役買っている。

> 説明文では書かれている客観的な事実や考え方を正しく理解することが大切です。テーマをつかみ，談話標識などに注意しながら論理の流れをつかみましょう。

覚えよう！　**重要語句・表現**

according to 〜「〜によると」
per person「1人あたりの」
deal with 〜「〜に対処する」
a high-quality soil improver, which helps plants and vegetables grow
　「高品質の土壌改良剤として機能し，（そして）植物や野菜の成長を促す」
※関係代名詞whichの前にコンマがあるので，追加的な説明をする働きを持つ。
The number of worm hotels has been increasing all over the country, helping to realize ….
　「ワームホテルの数は国中で増加しており，…の実現に一役買っている」
※現在分詞の前にコンマがあるので，追加的な説明をする働きを持つ。

段落の要旨をつかむ

　長文を読む時は，1文1文日本語に訳していくのではなく，段落ごとの要旨をつかむことに重点を置くのがポイントです。88ページの英文を使って，段落ごとに要旨をまとめてみましょう。

第1段落

　①There is a theory that listening to classical music, especially Mozart, is good for both pregnant women and babies.　②One of the reasons often said is that Mozart's melody has the rhythm and the intensity of sound that are similar to the sound of a stream and the song of a bird.　They make people relaxed.　③Though the theory has little scientific basis, many pregnant women like to play classical music to their babies.

① 　モーツァルトの音楽を聞くことは妊娠中の女性と赤ちゃんにとって良いという説がある。第1段落のトピックセンテンス（段落の中心主題を簡潔に述べている文）。
② 　One of the reasons often said is that 〜「よく言われる理由の1つは〜だ」に着目。→モーツァルトのメロディーには人々をリラックスさせるリズムと音の強さがある。
③ 　Though「〜にもかかわらず」に注目。この説には科学的根拠がほとんどないが，多くの妊婦は赤ちゃんにクラシック音楽を聞かせることを好む。

 妊娠中にモーツァルトの音楽を聞くことが良いという説には科学的根拠がほとんどないが，多くの妊婦が赤ちゃんにクラシック音楽を聞かせることを好む。

第2段落

　It is not only mothers who believe in the power of music.　①Mrs. Dorothy Retallack, who was a student at Temple Buell College about 50 years ago, did an experiment on the impact of music on plants.　She divided some plants into two groups and played them different music, both classical and rock.　②The result was that the plants in the classical room grew well and those in the rock room died.　Her findings were surprising, but ③the truth remains unknown because no further experiments were done.

① 　ドロシー・リタラックの実験：音楽が植物に与える影響を調べた。（トピックセンテンス）
② 　The result was that 〜「その結果は〜だった」に注目。→クラシックを聞かせた植物はよく成長し，ロックを聞かせた植物は枯れた。
③ 　さらなる実験が行われなかったため，真実は謎。

 ドロシー・リタラックの実験から，聞かせる音楽のジャンルにより，植物の成長具合が異なることが明らかになったが，真実は未だ不明である。

Part 5

ライティング（大問 5）

大問5は英語の質問に対する自分の意見を,
理由を含めて英語で書く問題。自分の考えを
英語で書く力が問われる。

Part 5

ライティング

設問形式と傾向

・大問5は英語の質問に答える形で，自分の意見とその理由を2つ英語で書く問題。
・外国人の知り合いから質問されたという設定で，質問文が示される。
・語数の目安は50〜60語。

例 QUESTION

Do you think it is good for young children to use smartphones?

訳 あなたは幼い子供たちにとってスマートフォンを使うことは良いと思いますか。

対策

・質問内容を正しくつかむ。
・質問に対する自分の意見をはっきりさせる。
・自分がそう考える理由を2つ書く。
・目安の語数を大きく下回ったり上回ったりしないように書く。

ここがポイント！

❶ **減点の対象または0点となる場合を押さえる**
　大問5では，次のような場合に減点されるか，0点とされるので，注意が必要。
・質問内容に対応していない。
・自分の意見と矛盾する理由や説明がある。
　例：「子供は外で遊ぶべきだ」という意見を書いているが，その後に，「けがをする
　　　ので室内で遊ぶ方が安全だ」のように最初の意見に反する内容を書いている。
・英語ではない単語を使っている。
　例：ローマ字でkaraage（唐揚げ）と書いているが，Japanese fried chickenのよう
　　　に英語での説明がない。
・個人の事情や経験のみを書いている。
　例：「ボランティア活動をするべきか」という質問に，「忙しくてできない」といっ
　　　た個人的な事情を理由としている。
・理由に対する説明や補足がない。
　例：「留学は大切だと思うか」という質問に，単に「外国で暮らしてみたい」とい

う理由を書くだけで，「外国で暮らして何をしたいのか」，「何を目的として外国で暮らすのか」といった補足がなく，説得力に欠ける。

・質問内容や自分で答えた理由と関係のないことを書いている。

　例：**例**の質問に対して，「子供の健康に悪影響がある」という理由を書くのは良いが，「子供は元気に外で遊ぶべきだ」などと直接関連のないことを書いている。

❷　文法的なミスに注意する

　文法上のミスは気づかない場合も多いが，**動詞に3人称・単数・現在のsは必要か，時制は現在か過去か，単数形か複数形か，といった基本的なことは必ずチェック**しよう。また，無理に難しい表現を使う必要はないので，自信が持てそうな平易な表現を心がけよう。

❸　自然な流れにまとめる

　単に，自分の意見，その理由を並べるだけではなく，**理由を表すつなぎ言葉などを使いながら，不自然な流れにならないように注意する**。基本的には，次の構成を心がけると良いだろう。

①　質問に対する自分の意見をはっきり書く。

②　理由が2つあることを書く。

③　1つ目の理由と補足説明を書く。

④　2つ目の理由と補足説明を書く。

⑤　最初に書いた自分の意見を，別の形で繰り返して締めくくる。

p.108を参考にして，自然な流れの英文を書くうえで使える表現を覚えよう。

日ごろから，身近な話題について50〜60語を目安に英文で自分の意見とそう思う理由を書く練習をしましょう。

ライティング

- あなたは，外国人の知り合いから以下のQUESTIONをされました。
- QUESTIONについて，あなたの意見とその理由を2つ英文で書きなさい。
- 語数の目安は50語～60語です。
- 解答がQUESTIONに対応していないと判断された場合は，0点と採点されることがあります。QUESTIONをよく読んでから答えてください。

QUESTION 1

Do you think it is a good idea for people to move to the countryside?

［ 解 答 と ポ イ ン ト ］

QUESTION 1

QUESTIONの訳　あなたは,田舎に移住することは人々にとって良い考えだと思いますか。

解答例1　Yes, I do.　I have two reasons.　First, it costs less to live in the countryside.　People can live in a larger house more cheaply.　Second, the number of young people in the countryside is decreasing, so if young people live there, the countryside will be alive again.　In the long run, it will lead to the development of Japan.（60語）

解答例の訳　はい，思います。2つの理由があります。第一に，田舎に住むと費用が安く済みます。人々はより安くより大きい家に住むことができます。第二に，田舎の若者の数が減少していますから，もし若者がそこに住めば，地方が再び生き生きします。長い目で見れば，それは日本の発展につながります。

解答例2　No, I do not.　First, since there are few buses and trains in rural areas, it is difficult to go out without a car.　It costs people a lot to maintain a car.　Second, it is sometimes hard to get along with local people.　Some people have trouble with them and return to the city.（55語）

解答例の訳　いいえ，思いません。第一に，地方はバスや電車の本数が少ないので，車がないと外出するのが難しいです。人々が車を維持するにはたくさんお金がかかります。第二に，地元の人々と仲良くやっていくのは，難しい場合もあります。中には彼らともめて，都市に戻る人もいます。

ポイント　設問文がDo you think ～?の場合は，まず最初に，Yesの立場かNoの立場かを述べる。字数制限があるので，設問文を繰り返さずに，Yes, I do., No, I don't. のように簡潔に答えるとよい。QUESTION 2のように，Which do you think better, A or B? というパターンの設問文の場合も，良いと思うほうを最初に述べ，自分の立場を明確にすること。

QUESTION 2

Which do you think is better for people, working at home or working at an office?

[解答とポイント]

QUESTION 2

QUESTION の訳 あなたは，家で仕事をするのと会社で仕事をするのとでは，どちらが人々にとってより良いと思いますか。

解答例1 I think working at home is better for people. I have two reasons. First, people can save commuting time if they work at home. They can make good use of that time. In addition, people don't have to worry about relationships in the office. They can work more effectively without feeling stressed. (52語)

解答例の訳 私は家で仕事をする方が人々にとってより良いと思います。2つの理由があります。第一に，家で働くことで，人々は通勤時間を節約することができます。彼らはその時間を有効に活用できます。それに加え，人々は会社での人間関係に悩む必要がありません。ストレスを感じずに，より効率的に働くことができます。

解答例2 I think working at an office is better. There are two reasons. First, people can learn many things from their co-workers and bosses at their office. Second, if people work at home, it will be difficult to decide when to work and when to relax. If people work at their office, it will be easier to decide time to relax. (60語)

解答例の訳 私は会社で仕事をする方が良いと思います。2つの理由があります。第一に，会社では同僚や上司から多くのことを学ぶことができます。第二に，家で仕事をする場合，いつ仕事をし，いつくつろぐかを決めるのが難しいでしょう。会社で働けば，くつろぐ時間を決めやすくなるでしょう。

ポイント 2つの理由があることを述べるときは，I have two reasons (for that).「(それには) 2つの理由があります」，I have two reasons to support my opinion.「私の意見を支持する理由は2つあります」，There are two reasons why I think so.「なぜそう思うかには，2つの理由があります」などの表現を使う。

Part
5
ライティング

QUESTION 3

Do you think parents should give their children their own room?

［ 解答とポイント ］

QUESTION 3

QUESTION の訳　あなたは，親は子供に１人部屋を与えるべきだと思いますか。

解答例1　Yes, I think so. There are two reasons. First, by spending time in their own room, children can think about things by themselves. This is very important for children to grow up. Second, children can learn to make their own places better. They can learn to keep their rooms clean.（50語）

解答例の訳　はい，そう思います。２つの理由があります。第一に，自分の部屋で時間を過ごすことによって，子供は自分で物事について考えることができます。それは子供が成長する上でとても大切です。第二に，子供は自分の場所をより良くすることを学べます。彼らは自分の部屋をきれいにすることを学べます。

解答例2　No, I do not think so. There are two reasons why I think so. First, parents cannot know what their children are doing. Some children may play video games instead of studying. Second, children can stay alone in their rooms for a long time. As a result, parents don't have enough time to talk with them.（56語）

解答例の訳　いいえ，そう思いません。なぜそう思うかには，２つの理由があります。第一に，親は子供が何をしているか知ることができません。中には勉強をせずにゲームをする子供もいるかもしれません。第二に，子供たちは部屋に長い時間１人でいるかもしれません。その結果，親は彼らと話す十分な時間を持てません。

ポイント　２つの理由を順番に示すときは，解答例のように first「第一に」, second「第二に」などを置くとわかりやすい。他に，１番目の理由を述べるときは，firstly, first of all, ２番目の理由を述べるときは，besides, in addition, moreover, what is more などを置いても良い。

覚えよう！　**重要語句・表現**

in the long run「長い目で見れば」
get along with ～「～と仲良くする，うまくやっていく」
make good use of ～「～を有効に使う」
instead of ～「～の代わりに」
death「死」
injure「傷つける，けがをさせる」

QUESTION 4

Do you think it is good for children to live with a pet?

[解答とポイント]

QUESTION 4

QUESTION の訳　あなたは，ペットと暮らすことは子供たちにとって良いと思いますか。

解答例1　Yes, I do. I have two reasons for that. Firstly, children spend time with their pets and take care of them. By doing so, they might be kind to others. Secondly, animals live shorter lives than humans, so children sometimes experience the death of their pets. Children may be sad, but they can learn the importance of life. (58語)

解答例の訳　はい，思います。それには2つの理由があります。第一に，子供たちはペットと時間を過ごし，彼らの世話をします。そうすることで，彼らは他者に親切になるかもしれません。第二に，動物の命は人間よりも短いので，子供たちは時に，ペットの死を経験します。子供たちは悲しむかもしれませんが，彼らは命の大切さを学ぶことができます。

解答例2　No, I don't. There are two reasons. First, some young children don't know how to keep pets. So, pets may injure them by accident. In addition, people can get some diseases from animals while keeping them. Having pets may not be good for children's health. For these reasons, I don't think living with animals is good for children. (58語)

解答例の訳　いいえ，思いません。2つの理由があります。第一に，子供の中にはペットの飼い方がわからない子もいます。そのため，ペットが思いがけず子供にけがをさせることがあるかもしれません。それに加え，動物を飼っている間に人間は動物から病気をもらうことがあります。ペットを飼うことは，子供たちの健康にとって良くないかもしれません。これらの理由で，私はペットと暮らすことは，子供たちにとって良いとは思いません。

ポイント　英作文問題は，接続詞や談話標識を効果的に使うと良い。具体例を挙げるときは for example, for instance, 結論を述べるときは therefore, thus, in this way などを用いると良い。解答例のように，For these reasons, を文頭に置き，最初で述べた自分の意見を再度主張するのも良い。

英作文のコツ

　英作文では，自分の意見を，根拠を示しながらわかりやすく述べることが大切です。準2級では，英語の質問に答える形で，50語～60語の英語で自分の意見とその理由を2つ英語で書きます。

ポイント　まず，質問内容を正しくつかんだ上で，次のような形式でまとまりのある文章を書くと良いでしょう。

主張		自分の意見を述べる。
理由1		なぜそう思うのか，1つ目の理由を述べる。
	補足	1つ目の理由の具体例や補足する事実などを述べる。
理由2		なぜそう思うのか，2つ目の理由を述べる。
	補足	2つ目の理由の具体例や補足する事実などを述べる。

☆自分の意見は，質問に答える形で述べましょう。

　　Do you think ～? → Yes / No で答える。

　　Which do you think better, ～? → I think it is better ～. などで答える。

☆談話標識を有効に使いましょう。

　（理由1）First / Firstly「第一に」

　（理由2）Second / Secondly「第二に」，In addition「加えて」，also「また」

　（補足）For example「例えば」，It means that「～ということを意味する」

☆最後に自分の意見を再度述べるときは，1文目と全く同じ文にするのではなく，表現を変えると良いでしょう。字数に余裕がない場合は省略します。

☆文法的なミスは減点の対象になるので，必ず確認します。自信がない場合は，難しい表現を使わず平易な表現を使うと良いでしょう。

　　基本的なチェック観点

　✓ 動詞の3人称・単数・現在のsが正しくついているか

　✓ 時制（現在・過去・未来）は正しいか

　✓ 名詞の形（単数形・複数形）は正しいか

練習法　質問の内容は，「本を図書館で借りるのと本屋で買うのではどちらが良いか」，「人々が車を持つことは良いと思うか」，「日本の学校の教室にはエアコンを設置すべきか」など，日常生活に関するものがほとんどです。日頃から新聞やテレビ，インターネットで目にした身近な話題について，自分の意見を論理的に書く練習をしましょう。その際はまず，日本語で全体の流れをメモしてから書き始めると良いでしょう。

　英作文のテーマは，二次試験のNo. 4とNo. 5の内容と共通点が多いので，二次試験で過去に出題されたテーマで練習をするのも効果的です。

Part 6

リスニング

リスニングは3部構成。会話文，物語文，説明文，公共の場でのアナウンスなどが放送される。

リスニング問題

準2級のリスニング問題

- 準2級のリスニング問題は3部構成。第1部と第2部では会話文，第3部では物語文，説明文，公共の場でのアナウンス，ラジオ放送などが放送される。
- 会話文では家庭，学校，職場などでの日常的なやりとりが放送される。物語文では，ある架空の人物の日常生活，経験，計画，希望などを物語風にまとめたものが中心。
- 説明文は，歴史上の人物や出来事，科学・文化・スポーツ・地域などに関するもの。
- アナウンスは空港や店内，会場などで放送される案内など。ラジオ放送では，地域の紹介や交通情報など。

第1部

設問形式と傾向

- 1往復半（A-B-A）の対話を聞いて，最後のAの発言に対する適切な応答文を3つの選択肢から選ぶ。語数の目安は選択肢を含めて40〜50語。
- 選択する応答文は問題用紙に印刷されているのではなく，放送で流される。全10問。

ここがポイント！

❶ 1往復目で聞き取ること

　1往復目から話題，AとBの人間関係，場面・状況などを聞き取る。これによって2往復目の展開をある程度予測することができる。

❷ 最後の発言に注意する

　最後の発言が疑問文の場合は，Yes / Noで答えられる疑問文か，疑問詞で始まる疑問文か，依頼，提案，勧誘の文か，許可を求める文かなどによって，適切な応答の内容を推測することができる。最後の発言が平叙文の場合は，それに対する提案や反論のほか，励ましや慰めの言葉であったり，助言であったりとさまざまな応答が考えられる。

第2部

設問形式と傾向

- 2往復または2往復半の対話と，その内容に関する質問を聞いて，適する答えを問題用紙に印刷されている4つの選択肢から選ぶ。語数の目安は50〜60語。全10問。

ここがポイント！

❶ 先に選択肢に目を通す

放送を聞く前に，印刷されている選択肢に目を通そう。選択肢から質問内容を推測できる場合が多いので，注意して聞きとるべき点をつかむことができる。

❷ 質問のパターンに慣れる

質問にはいくつか決まったパターンがあるので，それらをある程度覚えておけば質問内容を理解しやすくなる。

❸ 言いかえの表現に注意する

普通，選択肢では会話文に出た表現が別の形で表されているので，単純に会話に出た表現と同じ語句があるものを選ぶと間違えることになる可能性が高い。

第3部

設問形式と傾向

・物語文または説明文と，その内容に関する質問を聞いて，適する答えを問題用紙に印刷されている4つの選択肢から選ぶ。語数の目安は50～60語。全10問。

ここがポイント！

❶ 放送内容の特徴をつかむ

第3部でも，「先に選択肢に目を通す」，「質問のパターンに慣れる」，「言いかえの表現に注意する」ことが重要。その他，物語文，説明文，アナウンスそれぞれの特徴を押さえておこう。

・物語文：「時」，「場所」を表す語句に注意しながら，人物の行動と心情を聞き取る。
・説明文：第1文で話題をつかみ，談話標識に注意しながら，論理の展開を聞き取る。
・アナウンス：アナウンスが行われる場所（空港，商業施設，学校，ラジオ局など）をつかむ。商業施設ならばセールの案内というように，アナウンスが行われる場所によって放送の内容に特徴がある。

❷ 固有名詞に注意する

特に説明文では，土地や人名などで聞きなれない固有名詞が出てくる場合がある。発音を正確に聞き取る必要はないが，人名なのか，地名なのかということを理解することが重要になる。

※本書付属のCDのトラック番号((CD 1))では，CDに収録されている内容が紹介されています。リスニング問題，二次試験，予想模試の音声は((CD 2))以降に収録されています。

対話を聞き，その最後の文に対する応答として最も適切なものを，放送される１，２，３の中から一つ選びなさい。

No. 1〜No. 5（選択肢はすべて放送されます。）

No.1 **正 解** 1

放送文 *A:* Honey, what shall we do this weekend? You said you wanted to go to the aquarium, right? *B:* Yes, but the weather forecast says the weather will change for the worse. *A:* Really? Then it's better not to go out.

1 Let's just sit back and relax at home. **2** You should take medicine and stay in bed. **3** We have to get the tickets for it first.

全訳 Ａ：ねえ，今週末は何をしましょうか。あなたは水族館に行きたいって言っていたわよね？ Ｂ：うん，でも天気予報では天気が崩れるそうだよ。 Ａ：本当に？じゃあ出かけない方がいいわね。

選択肢の訳 **1** 家でゆっくりしよう。 **2** 薬を飲んで安静にすべきだよ。 **3** まずそのチケットを手に入れないとね。

ポイント 以前は水族館へ行きたいと言っていたＢが，週末の天気が崩れると言ったところ，Ａは，Then it's better not to go out.「じゃあ出かけない方がいいわね」と言っている。ＢがＡの意見に賛意を示す返答をすると自然な会話になる。

No.2 **正 解** 2

放送文 *A:* Excuse me. Are there any hotels around here? *B:* Yes. There is a good one on Gordon Avenue. It's an old one, but very popular in this town. *A:* I see. How far is it from here to the hotel?

1 It's about fifty meters high. **2** It's about one kilometer. **3** Eighty dollars per night.

全訳 Ａ：すみません。この辺りにホテルはありますか。 Ｂ：はい。ゴードン・アベニューに１つ良いホテルがあります。古いホテルですが，この町では人気があります。 Ａ：そうですか。ここからホテルまではどのくらいの距離ですか。

選択肢の訳 **1** およそ50メートルの高さです。 **2** およそ１キロです。 **3** １泊80ドルです。

ポイント How far 〜？は距離をたずねる表現。ホテルまでの距離を答えているものを選ぶ。about one kilometer「およそ１キロメートル」が距離を表している。

No.3 正解 3

放送文 *A:* Hudson Department Store is having a sale until tomorrow. Why don't we go there tomorrow? *B:* Sounds nice, but I have to write my history report. *A:* You still have time before the deadline. You don't have to finish it tomorrow.

1 OK, I'll submit it to you then. **2** Yeah, I'm sure you can do it. **3** Oh, you're probably right.

全訳 Ａ：ハドソン・デパートが明日までセールをしているわよ。明日行かない？ Ｂ：いいね，でも歴史のレポートを書かないと。 Ａ：締め切りまでまだ時間があるじゃない。明日終わらせる必要はないわ。

選択肢の訳 **1** わかった，じゃあ君に提出するよ。 **2** そうだな，君はきっとできるさ。 **3** ああ，それもそうだね。

ポイント 明日は歴史のレポートを書かなければならないと言うＢに，ＡがYou don't have to finish it tomorrow.「明日終わらせる必要はないわ」と言っている。これに対する返答として適切なものを選ぶ。

No.4 正解 3

放送文 *A:* Mrs. Baker, do you have a pen? I need to fill out this paper. *B:* Yes, Yuji. Here you are. *A:* Thank you. I'll give it back as soon as I finish filling out the paper.

1 My husband gave it to me. **2** I've used it for three years. **3** You don't have to hurry.

全訳 Ａ：ベーカーさん，ペンはありますか。この書類に記入する必要があるんです。 Ｂ：ええ，ユウジ。はい，どうぞ。 Ａ：ありがとうございます。書類に記入したらすぐにお返ししますね。

選択肢の訳 **1** 夫がそれをくれたのよ。 **2** 私はそれを３年間使っているのよ。 **3** 急ぐ必要はないわよ。

ポイント ペンを借りたＢ（＝Yuji）の，I'll give it back as soon as I finish filling out the paper.「書類に記入したらすぐにお返ししますね」という発言に対する適切な応答を選ぶ。

No.5 正解 1

放送文 *A:* Excuse me. I'd like to return this shirt because the sleeves are too short. *B:* OK. Do you have your receipt? *A:* Well, I'm afraid I threw it away.

1 Sorry, you can't get a refund then. **2** OK, here's your change. **3** Yes, we have a smaller one.

全訳 　A：すみません。袖が短すぎるので，このシャツを返品したいのですが。
B：かしこまりました。レシートはお持ちですか。　A：それが，あいにく捨ててしまったのですが。

選択肢の訳 　**1** 申し訳ございませんが，それではご返金することはできません。
2 かしこまりました，こちらがお釣りです。　**3** はい，小さいものがございます。

ポイント 　シャツを返品したがっているA（＝客）がB（＝店員）にレシートがあるかたずねられ，Well, I'm afraid I threw it away.「それが，あいにく捨ててしまったのですが」と答えている。返品したい商品のレシートがない場合にどうなるかを考える。I am afraid (that) 〜は，良くないことや不安に思っていることなどを伝えるときに用いられる。

覚えよう！ ▶ **重要語句・表現**

No. 1　weather forecast「天気予報」
　　　　not to go out「出かけないこと」
　　　　※〈not to＋動詞の原形〉不定詞の否定形。
No. 2　How far 〜?「どれくらいの距離〜」
No. 3　Why don't we 〜?「（一緒に）〜しませんか」　※相手を誘う表現。
　　　　deadline「締め切り」
No. 4　fill out 〜「〜に必要事項を記入する」
No. 5　throw 〜 away「〜を捨てる」
　　　　refund「返金」

No. 6〜No. 10（選択肢はすべて放送されます。）

No.6 **正解** 2

放送文 *A:* David, are you studying? *B:* No, I'm not. I'm reading a magazine, Grandma. *A:* Oh, then can you carry this box upstairs? It's too big and heavy for me to carry.
1 Sure. I'll carry you on my back. **2** Not a problem. It's an easy job. **3** I know. Leave me alone.

全訳 Ａ：デイビッド，勉強をしているの？ Ｂ：いや，ちがうよ。雑誌を読んでいるんだよ，おばあちゃん。 Ａ：あら，じゃあこの箱を２階に運んでくれない？ とても大きくて重いから私には運べないの。

選択肢の訳 **1** もちろん。おんぶしてあげるね。 **2** 構わないよ。お安いご用さ。 **3** わかってるよ。放っておいて。

ポイント Ｂ（＝David）はＡ（＝祖母）に，Oh, then can you carry this box upstairs?「あら，じゃあこの箱を２階に運んでくれない？」と頼まれている。依頼に対する返答として適切なものを選ぶ。

No.7 **正解** 3

放送文 *A:* How was your job interview at the pizza restaurant? *B:* The hourly wage is good, but I'd have to work on Saturdays and Sundays. *A:* Oh, are you busy on weekends?
1 Yes, but I want to eat pizza today. **2** No, so I want to work on weekends.
3 No, I want to be with my kids on weekends.

全訳 Ａ：ピザレストランでの面接はどうだった？ Ｂ：時給はいいんだけど，土日に働かないといけないの。 Ａ：ああ，週末は忙しいの？

選択肢の訳 **1** ええ，でも今日はピザが食べたいわ。 **2** いいえ，だから週末に働きたいの。 **3** いいえ，週末は子供たちといたいわ。

ポイント 面接に行ったピザレストランについて，ＢがI'd have to work on Saturdays and Sundays「土日に働かないといけないの」と言っている。Ａの「週末は忙しいの？」という問いに対して週末の事情を答えているものを選ぶ。

No.8 正解 **1**

放送文 *A:* Thanks to you and your family, I really had a good time in Japan.
B: We'll never forget the time we spent with you. Say hello to your parents in
London.   *A:* Thank you. I'll e-mail you as soon as I get there.
1 Sure. Let's keep in touch. **2** OK. Here is my plane ticket. **3** Yeah. Please
pick me up.

全訳   A：あなたとあなたのご家族のおかげで，日本で本当に楽しい時間を過ごせ
ました。　B：君と過ごした時間を忘れないよ。ロンドンのご両親によろしく伝えてね。
A：ありがとうございます。着いたらすぐにEメールを送りますね。

選択肢の訳   **1** うん。連絡を取り合おう。　**2** わかった。これがぼくの航空券だよ。
3 ああ。ぼくを車で迎えに来てくれ。

ポイント   別れ際の会話。Aが I'll e-mail you as soon as I get there.「そこ（＝ロンドン）
に着いたらすぐにEメールを送りますね」と言っている。Eメールをもらったあとに続
くことを推測する。

No.9 正解 **3**

放送文   *A:* I hear you started a diet last week. Are things going well?   *B:* Yes. Now
I have only two meals a day.   *A:* Really? I don't think it's very good for your health.
Don't you get hungry?
1 Yes, so I think you should eat more.   **2** Yes, but I want to gain weight.   **3** Yes,
but I'll never give up.

全訳   A：先週からダイエットをしてるって聞いたわよ。うまくいっているの？　B：
いっているよ。今は1日2食しか食べてないよ。　A：本当に？　健康にあまり良くな
いと思うわ。お腹はすかないの？

選択肢の訳   **1** そうだね，すくよ，だから君はもっと食べないといけないと思うよ。
2 そうだね，すくよ，でもぼくは太りたいんだ。　**3** そうだね，すくよ，でも絶対
にやめないよ。

ポイント   ダイエット中のBが1日2食しか食べないと聞いたAが，Don't you get
hungry?「お腹はすかないの？」とたずねている。選択肢のYesはYes, I do(=get
hungry).ということ。Bの立場として矛盾しないものを選ぶ。

放送文　*A:* Welcome back, Ted. Did you enjoy your trip to Paris?　*B:* Yes. The trip was very nice, but only for the first three days.　*A:* What do you mean? Did you run into any trouble?

1　We had fine weather during the whole trip.　**2**　I lost my passport and wallet on the fourth day.　**3**　I found a nice souvenir for you.

全訳　　A：お帰り，テッド。パリ旅行は楽しかった？　B：うん。旅行はとてもよかったよ，最初の3日間だけだけどね。　A：どういうこと？　何かトラブルでもあったの？

選択肢の訳　**1**　旅行中ずっと天気がよかったんだ。　**2**　4日目に財布とパスポートをなくしたんだ。　**3**　君にすてきなお土産を見つけたんだ。

ポイント　　パリ旅行について，Bが楽しかったのは only for the first three days「最初の3日間だけ」と言っていることから，旅行の4日目以降に何か良くないことがあったと考えられる。

第1部では，疑問文に対する応答を選ぶ問題が多いのが特徴ですよ。

覚えよう！　　**重要語句・表現**

No. 6　upstairs「2階へ，上の階へ」
　　　　〈too ～ for ＋人＋ to ＋動詞の原形〉「（人が）…するにはあまりに～」

No. 7　interview「面接」
　　　　wage「給料」

No. 8　say hello to ～「～によろしく伝える」
　　　　pick ～ up「～を車で迎えに行く」

No. 9　gain weight「太る」⇔ lose weight「やせる」

No. 10　run into ～「～に出くわす」
　　　　souvenir「みやげ」

対話を聞き，その質問に対して最も適切なものを1，2，3，4の中から一つ選びなさい。

No. 1
CD 12

1 Buy some medicine.
2 Go to a hospital.
3 See a soccer game.
4 Walk in the park.

No. 2
CD 13

1 Buy a new umbrella.
2 Use a larger towel.
3 Take cold medicine.
4 Take a hot bath.

No. 3
CD 14

1 A DVD about airplanes.
2 A book about airplanes.
3 A toy airplane.
4 Some postcards with airplanes.

No. 4
CD 15

1 Checking out of a hotel.
2 Buying a plane ticket.
3 Talking with a taxi driver.
4 Preparing for her business trip.

No. 5
CD 16

1 Come home earlier.
2 Change his clothes.
3 Have dinner ahead of her.
4 Play with Andy.

[解答とポイント]

No.1 正解 2

放送文 *A:* Oh, no, Ben. What happened to your knee? It's bleeding. *B:* I fell and injured it when I was playing soccer. It hurts when I walk. *A:* You should go to a hospital. *B:* I know. I'm going to see a doctor after I change my clothes.

Question: What will Ben probably do today?

全訳 A：あら，まあ，ベン。その膝どうしたの？ 血が出ているわ。 B：サッカーをしていて，転んでケガしたんだ。歩くと痛いよ。 A：病院に行った方がいいわ。 B：わかっているよ。服を着替えたら先生に診てもらうよ。

質問の訳 ベンは今日，恐らく何をしますか。

選択肢の訳 **1** 薬を買う。 **2** 病院に行く。 **3** サッカーの試合を見る。 **4** 公園を歩く。

ポイント A（＝女性）に You should go to a hospital. 「病院に行った方がいいわ」と言われた B（＝Ben）は同意して，I'm going to see a doctor after I change my clothes.「服を着替えたら先生に診てもらうよ」と言っている。

No.2 正解 4

放送文 *A:* Oh, Meg. You're wet through. Didn't you have an umbrella? *B:* Yes, Dad. But I left it on the train. *A:* Oh, that's too bad. Well, change clothes and dry your hair with a towel. *B:* Thank you, but I feel cold. I want to warm myself in the bath right away.

Question: What will Meg do next?

全訳 A：おや，メグ。ずぶ濡れじゃない。傘を持っていなかったの？ B：持っていたわ，お父さん。でも電車に置き忘れてしまったの。 A：ああ，何てことだ。さあ，服を着替えて髪をタオルで拭きなさい。 B：ありがとう，でも寒いわ。すぐにお風呂で温まりたいわ。

質問の訳 メグは次に何をしますか。

選択肢の訳 **1** 新しい傘を買う。 **2** もっと大きなタオルを使う。 **3** 風邪薬を飲む。 **4** 温かい風呂に入る。

ポイント 最後に B（＝Meg）が，I want to warm myself in the bath right away.「すぐにお風呂で温まりたいわ」と言っている。

Part **6**

リスニング問題

121

No.3 正解 1

放送文 *A:* Excuse me. Do you have any good books for children about airplanes?
B: Yes, ma'am. We have some here. We also have a DVD about airplanes. It's more popular among children. Please take a look. Only now, it comes with a postcard.
A: Really? Then I shouldn't miss it. *B:* Thank you. Please pay over there.
Question: What did the woman decide to buy?

全訳 　A：すみません。飛行機についての子供向けの良い本は何かありますか。
B：はい。こちらに何冊かございます。飛行機についてのDVDもありますよ。お子様にはこちらの方が人気です。どうぞご覧ください。今だけ，ポストカード付きですよ。
A：本当に？　ではこれを買わないわけにはいきませんね。　B：ありがとうございます。あちらでお会計をお願いします。

質問の訳 　女性は何を買うことにしましたか。

選択肢の訳 　**1** 飛行機についてのDVD。　**2** 飛行機についての本。　**3** おもちゃの飛行機。　**4** 飛行機のポストカード。

ポイント 　飛行機の本を買いに来たA（＝女性）が，B（＝店員）に飛行機のDVDを勧められ，Then I shouldn't miss it.「ではこれを買わないわけにはいきませんね」と言っている。

No.4 正解 1

放送文 　*A:* How was your stay at our hotel, ma'am? *B:* Awesome! I especially liked the breakfast buffet. I want to stay here again on my next business trip. *A:* I'm glad to hear that. Well, this is your receipt. *B:* Thank you. Could you call a taxi for me, please? I'll be taking a 2 o'clock flight for Frankfurt.
Question: What is the woman doing?

全訳 　　A：当ホテルのご滞在はいかがでしたか，お客様。　B：最高でした！　特に朝食ビュッフェが気に入りました。今度の出張でもまたこちらに泊まりたいです。
A：そう伺って大変うれしく思います。ええと，こちらが領収書になります。　B：ありがとうございます。タクシーを呼んでいただけますか。2時のフランクフルト行きの便に乗ります。

質問の訳 　女性は何をしていますか。

選択肢の訳 　**1** ホテルのチェックアウトをしている。　**2** 航空券を買っている。
3 タクシーの運転手と話をしている。　**4** 出張の準備をしている。

ポイント 　最初にA（＝ホテルのフロント）が，How was your stay at our hotel, ma'am?「当ホテルのご滞在はいかがでしたか，お客様？」とたずねており，その後B（＝女性）に領収書を渡している。

No.5 **正解** 3

放送文 *A:* Oh, honey. You came home early today. *B:* Yes. I came straight home after my meeting with my client. I've just finished making dinner with Andy. *A:* Oh, really? Thank you so much! I'm going to change my clothes, so start without me. *B:* Sure. I'll serve you the soup after you change.

Question: What does the woman tell the man to do?

全訳 Ａ：まあ，あなた。今日は帰りが早いのね。 Ｂ：うん。クライアントとの打ち合わせから直帰したんだ。アンディと一緒に，たった今夕食を作り終えたよ。 Ａ：まあ，本当に？ どうもありがとう！ 着替えてくるから先に始めてて。 Ｂ：わかった。着替えたらスープを出すよ。

質問の訳 女性は男性に何をするように言っていますか。

選択肢の訳 **1** もっと早く家に帰る。 **2** 服を着替える。 **3** 彼女より先に夕食を食べる。 **4** アンディと遊ぶ。

ポイント 夫と息子に夕食を作ってもらったＡ（＝女性）が，I'm going to change my clothes, so start without me.「着替えてくるから先に始めてて」と言っている。

覚えよう！ **重要語句・表現**

No. 1   bleed「血が出る」 ※blood「血」

No. 2   be wet through「ずぶ濡れだ」

No. 3   take a look「見る」
        come with 〜「〜が付いている」

No. 4   awesome「素晴らしい」 ※awful「ひどい，嫌な」と混同しないように。

No. 5   change *one's* clothes「着替える」

No. 6　
1　Look for a job in Sydney.
2　Learn cooking in Japan.
3　Start a new job.
4　Launch a new project with Maggy.

No. 7　
1　He got lost.
2　He missed the last train.
3　He can't find the taxi stand.
4　He lost his mobile phone.

No. 8　
1　Visit her uncle to get a dog.
2　Show her friend the puppy.
3　Take the puppy to an animal hospital.
4　Go to buy a toy for the puppy.

No. 9　
1　They enjoyed a musical.
2　They saw a sunrise.
3　They took a boat trip.
4　They went to see a baseball game.

No. 10　
1　He didn't like the weather.
2　He was sick in bed.
3　He overslept.
4　He had to go to his office.

No.6 正解 3

放送文 *A:* Dan, I'm happy that you made the project successful. *B:* Thank you, Maggy. I'm also happy that I was able to achieve results in my last project at this company. *A:* Last project? What do you mean? *B:* Actually, I'll be going back to Sydney next month to open a Japanese restaurant. Everyone may be surprised, but it has been my dream for many years.

Question: What will Dan do next month?

全訳 A：ダン，あなたのプロジェクトが成功してうれしいわ。 B：ありがとう，マギー。ぼくもこの会社での最後のプロジェクトで結果を出すことができてうれしいよ。A：最後のプロジェクトですって？ どういう意味？ B：実は，来月シドニーに戻って日本食レストランを開くんだ。みんなが驚くかもしれないけれど，それはぼくの長年の夢なんだ。

質問の訳 ダンは来月，何をしますか。

選択肢の訳 **1** シドニーで仕事を探す。 **2** 日本で料理を習う。 **3** 新しい仕事を始める。 **4** マギーと新しいプロジェクトを立ち上げる。

ポイント B（＝Dan）は my last project at this company「この会社での最後のプロジェクト」と言っており，さらに，I'll be going back to Sydney next month to open a Japanese restaurant「来月シドニーに戻って日本食レストランを開くんだ」と言っている。

No.7 正解 2

放送文 *A:* Excuse me. Are there no more trains to Greenville Station? *B:* I'm afraid that the last one left just five minutes ago, sir. *A:* Really? Is there any other way to get to the station? *B:* You can take a taxi. It takes about 10 minutes to get to the station. I'll give you the number of a taxi company nearby.

Question: What is the man's problem?

全訳 A：すみません。グリーンビル駅に行く電車はもうないのでしょうか。 B：あいにく，最終電車がほんの5分前に出ましたよ，お客様。 A：本当ですか。駅へ行く他の方法はありますか。 B：タクシーで行けますよ。駅に着くまで10分くらいです。近くのタクシー会社の電話番号をお教えしますよ。

質問の訳 男性の問題は何ですか。

選択肢の訳 **1** 彼は道に迷った。 **2** 彼は最終電車を逃した。 **3** 彼はタクシー乗り場が見つからない。 **4** 彼は携帯電話をなくした。

ポイント B（＝女性）が最初の発言でグリーンビル駅行きの電車について，I'm afraid that the last one left just five minutes ago.「あいにく，最終電車がほんの5分前に出ました」と言っている。

Part 6 リスニング問題

No.8 正解 3

放送文 *A:* Look at this picture, Billy. My uncle's dog had five puppies, so we got one of them. *B:* Oh, he's so sweet! I love dogs. Can I see him tomorrow? *A:* I need to have him examined at the animal hospital in the morning, so you can come in the afternoon. *B:* Oh, I can't wait! I'll get a toy for the puppy.

Question: What will the girl do tomorrow morning?

全訳 A：この写真を見て，ビリー。おじさんの犬が子犬を5匹産んだので，そのうちの1匹をもらったの。 B：わあ，とてもかわいいね！ ぼくは犬が大好きだよ。明日この子に会えるかな？ A：午前中にこの子を動物病院で診てもらわないといけないので，午後来てくれたらいいわ。 B：ああ，待ちきれないな！ 子犬におもちゃを買っていくね。

質問の訳 少女は明日の午前中に何をしますか。

選択肢の訳 **1** おじのところに犬を引き取りに行く。 **2** 友達に子犬を見せる。 **3** 子犬を動物病院に連れて行く。 **4** 子犬のためにおもちゃを買いに行く。

ポイント 明日子犬を見に行ってもいいかと言われたA（＝少女）が，I need to have him examined at the animal hospital in the morning「午前中にこの子を動物病院で診てもらわないといけないの」と言っている。

No.9 正解 1

放送文 *A:* Thank you for showing me around New York. Especially, the musical we enjoyed seeing together was really nice. I enjoyed my stay in America. *B:* I didn't do anything special, Keith. You also helped me during my trip to Mexico. I'll never forget the sunrise I saw on the boat. *A:* I promise I'll visit you again. *B:* Next time, let's see a baseball game.

Question: What is one thing the man and woman did in America?

全訳 A：ニューヨークを案内してくれてありがとう。特に，一緒に見て楽しんだミュージカルはとてもすてきだった。アメリカでの滞在を楽しめたよ。 B：当然のことをしただけよ，キース。メキシコ旅行中，あなたも私の力になってくれたわ。私はボートから見た日の出を忘れないわ。 A：絶対にまた君を訪ねるよ。 B：今度は，野球の試合を見ましょうね。

質問の訳 男性と女性がアメリカでしたことの1つは何ですか。

選択肢の訳 **1** 彼らはミュージカルを楽しんだ。 **2** 彼らは日の出を見た。 **3** 彼らは船旅をした。 **4** 彼らは野球の試合を見に行った。

ポイント アメリカでしたことをたずねられているので，showing me around New York，stay in Americaという語句が出てくる最初のA（＝Keith）の発言に注意する。Aは，the musical we enjoyed seeing together was really nice「一緒に見て楽しんだミュージカルはとてもすてきだった」と言っている。

No.10 **正解** 3

放送文 *A:* Oh, George. Why are you at this party? I thought you went fishing. Was the weather bad? *B:* Well, I was going to leave home at seven to go fishing, but it was eight when I got up. I worked overtime until late last night, and I wasn't able to get up early this morning. *A:* I see. So, you gave up fishing and joined this party. For now, enjoy the party. *B:* Yes. I want to get acquainted with some young people.
Question: Why did the man change his plans to go fishing?

全訳 A：あら，ジョージ。なぜここにいるの？ 釣りに行ったんだと思ってた。天気が悪かったの？ B：ええと，釣りに行くのに7時に家を出るつもりだったんだけど，起きたら8時だったんだ。昨夜は遅くまで残業で，今朝早起きできなかったんだよ。A：なるほど。それで釣りをあきらめてこのパーティーに参加したのね。とりあえず，パーティーを楽しんで。 B：うん。若い人たちと知り合いになりたいな。

質問の訳 男性はなぜ釣りに行く予定を変えましたか。

選択肢の訳 1 彼は天気が気に入らなかった。 2 彼は病気で寝ていた。 3 彼は寝坊した。 4 彼は会社に行かなければならなかった。

ポイント 昨夜からの出来事として，B（＝男性）がI worked overtime until late last night, and I wasn't able to get up early this morning. 「昨夜は遅くまで残業で，今朝早起きできなかったんだよ」と言っている。

覚えよう！ **重要語句・表現**

No. 6　achieve results　「結果を出す」
No. 7　〈It takes＋時間＋to＋動詞の原形〉「〜するのに（時間が）…かかる」
No. 8　have 〜 examined　「〜を診てもらう」
No. 9　enjoy 〜ing　「〜して楽しむ」
No. 10　work overtime　「残業する」
　　　　give up 〜　「〜をあきらめる」
　　　　get acquainted with 〜　「〜と知り合いになる」

Part
6

リスニング問題

英文を聞き，その質問に対して最も適切なものを 1，2，3，4 の中から一つ選びなさい。

No. 1　

1　She attended Meg's wedding.

2　She bought a present for Meg.

3　She replied to the invitation from Meg.

4　She happened to see her old friend.

No. 2　

1　He will travel alone.

2　He will clean his clinic.

3　He will put his family first.

4　He will spend time on his hobby.

No. 3　

1　People wear colorful clothes during the festival.

2　People outside India also celebrate the festival.

3　It is a relatively new festival.

4　It is a festival to pray for peace.

No. 4　

1　She was dissatisfied with her salary.

2　She didn't get along with her colleagues.

3　She was told by her boss to leave the office.

4　She wanted to work with Alex.

No. 5　

1　In a department store.

2　Inside an amusement park.

3　Outside a kindergarten.

4　In front of a bookstore.

No.1 [正 解] **3**

放送文 Last Friday, Alison received a wedding invitation from her old friend, Meg. She was so glad that she sent a reply to it the next day. Now she is thinking about what to give Meg as a wedding gift. Next Sunday, she is going to go to a department store to get something nice.

Question: What did Alison do last Saturday?

全訳 先週の金曜日，アリソンは旧友のメグから，結婚式の招待状を受け取った。彼女はとてもうれしかったので，翌日返事を送った。今，彼女はメグに結婚祝いの贈り物として何をあげようかと考えている。来週の日曜日，彼女は何か素敵なものを買うためにデパートに行く予定である。

質問の訳 先週の土曜日，アリソンは何をしましたか。

選択肢の訳 **1** 彼女はメグの結婚式に出席した。 **2** 彼女はメグにプレゼントを買った。 **3** 彼女はメグからの招待状に返事をした。 **4** 彼女はたまたま旧友に会った。

ポイント 1〜2文目より，アリソンは，先週の金曜日に結婚式の招待状を受け取り，その翌日（＝土曜日）に返事を送ったことがわかる。

No.2 [正 解] **3**

放送文 Oscar works as a doctor. He is busy seeing many patients every day. In addition, he is also busy preparing to open his own clinic next month. Therefore, he doesn't have enough time to spend with his wife and daughter. The next time he has a day off, he is going to spend all of his time with them.

Question: What will Oscar do on his next day off?

全訳 オスカーは医師として働いている。彼は毎日たくさんの患者を診察するのに忙しい。それに加え，来月自分のクリニックを開く準備にも忙しくしている。そのため，彼には妻や娘と一緒に過ごす時間が十分にない。今度休みが取れたら，彼は彼女たちと一緒に自分のすべての時間を使うつもりである。

質問の訳 オスカーは今度の休みに何をしますか。

選択肢の訳 **1** 彼は1人旅をする。 **2** 彼は自分のクリニックを掃除する。 **3** 彼は家族を最優先にする。 **4** 彼は自分の趣味に時間を使う。

ポイント 最終文より，オスカーは妻と娘のために，自分の全ての時間を使うつもりであることがわかる。言いかえれば，家族を最優先するということになる。

Part
6

リスニング問題

No.3 **正解** 2

放送文 Holi is one of the most popular festivals in India which marks the beginning of spring. Since ancient times, it has been celebrated in almost every part of the country and even outside the country. During the festival, people throw colorful powders called gulal at one another, eat sweets, and dance to traditional music.

Question: What is one thing we learn about Holi?

全訳 ホーリーは春の始まりを示す，インドで最も人気のある祭りの1つである。古くから，国のほぼすべての地域で，さらには国外でも祝われてきた。祭りの間，人々はグラルと呼ばれる色とりどりの粉を互いに投げ合い，菓子を食べ，伝統的な音楽に合わせて踊る。

質問の訳 ホーリーについてわかる1つのことは何ですか。

選択肢の訳 1 人々は祭りの期間中，色とりどりの服を着る。 **2** インド以外の国の人々もその祭りを祝う。 3 それは比較的新しい祭りである。 4 それは平和を祈る祭りである。

ポイント 2文目より，ホーリーはインド以外の国でも祝われてきていることがわかる。

No.4 **正解** 4

放送文 Pamela was the number one salesperson at a software company. She was very busy every day, but she enjoyed her work with her good co-workers. One day, she received a phone call from her old friend, Alex. He was about to start a new company and asked Pamela to work there. She decided to accept his offer because working with him was attractive.

Question: Why did Pamela decide to change jobs?

全訳 パメラはソフトウェア会社でナンバーワンの営業担当だった。彼女は毎日仕事でとても忙しかったが，良い同僚たちと仕事を楽しんでいた。ある日，彼女は旧友のアレックスから電話を受けた。彼は新しい会社を始めようとしていて，パメラにそこで働いてほしいと頼んだ。彼とともに働くことは魅力的だったので，彼女は彼のオファーを受けることにした。

質問の訳 パメラはなぜ転職することにしましたか。

選択肢の訳 1 彼女は給料が不満だった。 2 彼女は同僚とウマが合わなかった。 3 彼女は上司に辞めるように言われた。 4 彼女はアレックスと働きたかった。

ポイント 4～5文目より，パメラは旧友のアレックスの会社で働いてほしいと頼まれ，そのオファーを受けたので，転職の理由はアレックスと働くことを望んだためである。accept は申し出などを快く受けることを意味する。

No.5 正解 1

放送文 Your attention, please. We have a lost child at the information counter on the first floor. She's a girl of about 3 years old, wearing a white shirt and pink skirt. She was found in front of the bookstore on the third floor. Please come to the information counter by the main entrance if you know who she is.

Question: Where is this announcement most likely taking place?

全訳 みなさまにお知らせいたします。1階のインフォメーション・カウンターで迷子のお子さんをお預かりしております。3歳くらいの女の子で，白いシャツとピンクのスカートを身に着けています。3階の書店の前で見つかりました。お心当たりの方は，正面入口のインフォメーション・カウンターにお越しください。

質問の訳 このアナウンスはどこで行われている可能性が最も高いですか。

選択肢の訳 **1** デパートの中。 **2** 遊園地の中。 **3** 幼稚園の外。
4 書店の前。

ポイント 2文目より，迷子の呼び出し放送であるとわかる。また，the information counter on the first floor（1階のインフォメーション・カウンター），the bookstore on the third floor（3階の書店）などから，複数階から成る商業施設であると推測できる。

Part
6
リスニング問題

覚えよう！ **重要語句・表現**

No. 1　receive an invitation from 〜「〜から招待状を受け取る」
　　　　wedding「結婚式」
No. 2　busy 〜ing「〜するのに忙しい」
　　　　put 〜 first「〜を最優先する」
No. 3　one another「お互い」
　　　　※通常，3人以上の間について用いる。2人の間での「お互い」はeach other。
No. 4　offer「申し出，提供する」
　　　　attractive「魅力的な」
No. 5　lost child「迷子」

No. 6
1 Her dog makes the cushions useless.

CD 27
2 Her husband doesn't like dogs.

3 She doesn't have time to play with her dog.

4 She can't find a good dog trainer.

No. 7
1 They can save money by showing their tour badge.

CD 28
2 They need to show the tour badge to enter the museum.

3 They have to buy tickets at the entrance.

4 They can have drinks for free at the cafeteria.

No. 8
1 To borrow some money from her.

CD 29
2 To teach her how to make carbonara.

3 To find out if his wallet was at her house.

4 To invite her for lunch.

No. 9
1 It was brought to New Zealand and Australia from Russia.

CD 30
2 A Russian woman made it for the first time.

3 Its name may come from a ballet dancer.

4 It's healthy because no sugar or butter are used.

No. 10
1 She walked all the way from her home.

CD 31
2 She asked her friend to drive her there.

3 She caught a taxi at the nearest station.

4 She ran after getting off the train.

[解答とポイント]

No.6 **正解** 1

放送文 Monica and her husband, Austin, have a young dog named Tony. Nowadays, Tony often plays with their cushions and destroys them. Monica doesn't like it and often tells Austin to scold Tony. Austin thinks she is right, but he loves Tony so much that he cannot scold Tony.

Question: What is Monica's problem?

全訳 モニカと夫のオースティンはトニーという名の若い犬を飼っている。最近,トニーはよくクッションで遊び,だめにしてしまう。モニカはそれが気に入らず,しばしばオースティンにトニーを叱るように言う。オースティンは彼女の言うとおりだと思っているが,彼はトニーが大好きなので,叱ることができない。

質問の訳 モニカの問題は何ですか。

選択肢の訳 **1** 犬がクッションを使えなくしてしまう。 **2** 夫が犬嫌いである。 **3** 彼女は犬と遊ぶ時間がない。 **4** 彼女はよい犬の訓練士が見つからない。

ポイント 2～3文目より,モニカは犬のトニーがクッションをだめにするのが気に入らないことがわかる。

No.7 **正解** 1

放送文 Thank you for coming on today's tour. We will soon be arriving at the Johnson Museum. I'll hand you the tickets to the museum when you get off the bus. The museum has a gift store and a cafeteria. If you show your tour badge, you can enjoy shopping with a 5% discount. So, please make sure you wear it.

Question: What does the guide tell the tourists?

全訳 本日はツアーにお越しいただきありがとうございます。間もなくジョンソン美術館に到着いたします。美術館のチケットはバスをお降りになる際にお渡しします。美術館にはギフトショップとカフェテリアがあります。ツアーバッジをお見せいただくと,5パーセント引きでお買い物を楽しむことができます。ですので,バッジをつけておくようにお願いします。

質問の訳 ガイドは旅行者に何と言っていますか。

選択肢の訳 **1** 彼らはツアーバッジを見せるとお金を節約できる。 **2** 彼らが美術館に入館するには,ツアーバッジを見せる必要がある。 **3** 彼らは入口でチケットを買わなければならない。 **4** 彼らはカフェテリアでは無料で飲み物を飲むことができる。

ポイント 4～5文目より,ギフトショップやカフェテリアでツアーバッジを見せると,割引を受けられることがわかる。

No.8　**正解**　3　

放送文　Last Sunday, Tim went to Natalia's house for lunch. She, who works as a chef at an Italian restaurant, made delicious carbonara and tomato soup for him. After lunch, they enjoyed watching a movie. When returning home, Tim noticed that his wallet was gone. He thought it might be at Natalia's house, so he made a phone call to her to check.

Question: Why did Tim call Natalia?

全訳　先週の日曜日，ティムは昼食を食べにナタリアの家に行った。彼女はイタリア料理店のシェフとして働いており，彼のためにおいしいカルボナーラとトマトスープを作ってくれた。昼食後，2人は映画を見て楽しんだ。家に戻ると，ティムは財布がないことに気づいた。彼はそれがナタリアの家にあるのではないかと思ったので，彼女に電話をかけて確認した。

質問の訳　ティムはなぜナタリアに電話をしましたか。

選択肢の訳　**1**　彼女からお金を借りるために。　**2**　彼女にカルボナーラの作り方を教えるために。　**3**　財布が彼女の家にあるか知るために。　**4**　彼女を昼食に招くために。

ポイント　4～5文目より，ティムは財布をナタリアの家に置き忘れたのではないかと思った。この後，so「～なので，だから」と続いてナタリアに電話をかけたことが述べられている。

No.9　**正解**　3　

放送文　Pavlova is a traditional dessert in New Zealand and Australia. When a famous Russian ballet dancer, Anna Pavlova, visited these countries in the 1920s, she loved this dessert served at the hotels there. Pavlova is said to be named after her. Pavlova is made from egg whites, sugar, fresh cream, and fruits such as kiwis and strawberries. The dessert is loved by many people.

Question: What is one thing that is true about Pavlova?

全訳　パヴロヴァはニュージーランドとオーストラリアの伝統的なデザートである。有名なロシア人バレエダンサー，アンナ・パヴロヴァは，1920年代にこれらの国々を訪れたとき，ホテルで出されたこのデザートをとても気に入った。パヴロヴァは彼女にちなんで名づけられたと言われている。パヴロヴァは卵白，砂糖，生クリーム，そしてキウイやイチゴなどの果物から作られる。そのデザートは多くの人々に愛されている。

質問の訳　パヴロヴァについて正しい1つのことは何ですか。

選択肢の訳　**1**　ロシアからニュージーランドとオーストラリアにもたらされた。**2**　ロシア人女性が初めて作った。　**3**　その名前はバレエダンサーに由来しているかもしれない。　**4**　砂糖とバターを使っていないのでヘルシーである。

ポイント　2～3文目より，アンナ・パヴロヴァというロシア人バレエダンサーにちなんで名づけられた。

放送文　Tania works at an automobile company. This morning, she left home earlier as she had an important meeting at nine. However, the train she got on stopped due to an accident, and she had to get off one station early. She went to a taxi stand by the station, but there was a long line. She gave up taking a taxi and ran to her office.

Question: How did Tania finally get to her office?

全訳　タニアは自動車会社で働いている。今朝, 彼女は9時に大事な会議があるので, 家を早く出た。しかし, 事故で彼女が乗った電車が止まり, 彼女は1駅前で降りなければならなかった。彼女は駅のそばのタクシー乗り場に行ったが, 長蛇の列ができていた。彼女はタクシーに乗るのを諦め, 職場まで走った。

質問の訳　タニアは最終的にどのようにして職場にたどり着きましたか。

選択肢の訳　**1** 彼女は家からずっと歩いた。　**2** 彼女は友達にそこまで車で送ってほしいと頼んだ。　**3** 彼女は一番近い駅でタクシーをつかまえた。　**4** 彼女は電車を降りた後走った。

ポイント　3文目から途中で電車を降りたことが, 最終文から職場まで走ったことがわかる。

Part
6
リスニング問題

覚えよう!　**重要語句・表現**

No. 6　〈tell＋人＋to＋動詞の原形〉「(人) に〜するように言う」
No. 7　make sure 〜　「忘れずに〜する」
No. 8　When returning home, 　「家に戻ると」
　　　　※接続詞がついた形の分詞構文（＝ When Tim returned home,）。
No. 9　name 〜 after ...　「…にちなんで〜に名前をつける」
No. 10　due to 〜　「〜のために, 〜のせいで」

STEP UP! リスニングの練習法

リスニングの練習には様々な方法がありますが，英語をたくさん，何度も聞いて発音やスピードに慣れることが基本です。リスニングの練習法をいくつか挙げましょう。

英語をたくさん聞く　英語を繰り返し聞くことで，英語ならではの発音の特徴（アクセント，イントネーションなど）がつかめます。中でも，音の変化（連結・脱落・同化）は，放送台本を読んでわかるものではないので，何度も聞いて，様々なパターンに慣れておく必要があります。

　＊音の変化の例：連結…Can I [kænai]（キャナイ）　nの音とIの音がつながる。
　　　　　　　　　　脱落…good time [gutaim]（グッタイム）　dの音が落ちる。
　　　　　　　　　　同化…Did you [didʒuː]（ディジュー）　dの音とyの音が1つの違う音になる。

ディクテーションをする　ディクテーションとは，聞いた英語を書き取ることです。英語の発音に耳が慣れたら，以下のような手順で，聞き取った英語を一語一句書いてみましょう。これにより，聞き取る力そのものが足りない，単語や文法の知識が足りないなど，自分の弱点がわかります。
　　①英文全体を一度通して聞いて，大まかな内容を把握する。
　　②1文ごとに止めて，一語一句書き取る。
　　③放送台本と照らし合わせて，間違った箇所を再度聞いて，書き取る。

自分で音読をする　リスニングの練習においても音読は大切です。声に出して読むことにより，単語の発音方法や音の変化を体で覚えることができます。
　　①英文全体を一度通して聞いて，大まかな内容を把握する。
　　②放送台本を見ながら，音声に合わせて音読する。
　　③放送台本を見ずに，耳に入ってきた音をできるだけ真似ながら，音声に合わせて音読する。

日本語に訳さず理解する　英語を聞くことに慣れたら，頭の中で日本語に訳さずに，英語のまま内容をイメージするようにしましょう。第1部のような応答を推測する問題を解くスピードが格段にアップします。

英検®ウェブサイトでは過去問のリスニングの音声と放送台本が公開されていますから，それらを活用して，放送台本と合わせた練習をしましょう。また，放送台本の有無に関わらず，英語を日常的に聞くようにし，英語の発音に慣れましょう。

Part 7

二次試験・面接

二次試験は面接形式で英文を読んだり，質問に答えたりする。積極的に受け答えする姿勢が重要。

このパートでは，それぞれのトラックに以下の音声が収録されています。

CD 32 トラック番号 **CD 33** 〜 **CD 35** に収録されている内容が紹介されています。

CD 33 入室から退室までに交わされる面接委員と受験者の対話例，モデルリーディング

CD 34 面接委員からの質問

CD 35 質問と解答例

※質問のあとのポーズ（質問に答えるために与えられる時間）は実際の時間と異なります。

二次試験・面接

　3級以上の級で二次試験が実施されます。一次試験に通った人のみ，二次試験を受験します。最終的な合格は二次試験の合否によって決定します。

　試験の概要を把握し，出題形式に沿った練習をして本試験に備えましょう。音読と，面接委員の質問に答える問題があります。

受験案内

●試験内容

測定技能	課題	形式・課題詳細・問題数	解答形式
スピーキング	音読	カードに掲載された，50語程度の英文を読む。1問	・個人面接 ・面接委員1人 ・応答内容，発音，語彙，文法，語法，情報量，積極的にコミュニケーションを図ろうとする意欲や態度などの観点で評価
	パッセージについての質問	音読した英文の内容についての質問に答える。1問	
	イラストについての質問	イラストの人物の行動を描写する。／イラスト中の人物の状況を説明する。2問	
	受験者自身の意見を問う質問	ある事象・意見について自分の意見などを述べる（カードのトピックに関連した内容）。1問	
	受験者自身の意見を問う質問	日常生活の一般的な事柄に関する自分の意見を述べる（必ずしもカードのトピックに直接関連しない）。1問	
主な場面・題材			
日常生活の話題	過去の出題例	ホームシアター，ボランティアガイド，電子辞書，食品フェア，映画祭，プリペイドカードなど	

●試験時間
　約6分（入室から退室まで）

●合格ライン
　スピーキングのスコアのみで合否を判定。合格スコアは406（満点600）。

●試験日程

二次試験は，一次試験の約30日後に行われます。下記は基本的な実施月です。

第1回検定 （一次試験 6月） 二次試験7月

第2回検定 （一次試験 10月） 二次試験11月

第3回検定 （一次試験 1月） 二次試験2月

●英検S-CBT

英検S-CBTの場合はコンピューターを使って1日で4つの技能を受験します。その中のスピーキングテストが英検®（従来型）の二次試験に当たります。スピーキングはヘッドセットを装着し解答を録音する吹込み式で，二次試験と同じ要領で試験が行われます。英検S-CBTの試験は，スピーキング→リスニング→リーディング→ライティングの順に行われます。

面接の流れ（入室から退室まで）

❶ 入室・着席

①控え室で面接カードに記入します。
　　↓
②係員の指示に従い，面接カードと手荷物を持って，面接室前へ移動します。
　　↓
③面接室前の廊下で順番を待ちます。
　　↓
④係員の指示でノックして面接室に入ります。
　　↓
⑤入室後，面接委員に面接カードを手渡します。
　　↓
⑥面接委員の指示で，Thank you. と言って着席します。

会話例

〈ノックして入室〉

面接委員：Hello.「こんにちは」

受験者　：Hello.「こんにちは」

面接委員：Can I have your card, please?「カードをいただけますか」

受験者　：Yes.「はい」〈カードを渡す〉

面接委員：Thank you. Please have a seat.「ありがとうございます。おかけ下さい」

受験者　：Thank you.「ありがとうございます」〈着席〉

❷ 氏名と受験級の確認・簡単な挨拶

①着席後，挨拶をします。
    ↓
②面接委員が受験者の氏名をたずねるので，答えます。
    ↓
③面接委員が受験級の確認をします。
    ↓
④挨拶として簡単な会話を交わします。

会話例

面接委員：My name is Jane White. May I have your name, please?
　　　　　「私の名前はジェーン・ホワイトです。あなたのお名前をうかがえますか」
受験者　：Yes. My name is Hiroshi Yamada.「はい。私の名前はヤマダ・ヒロシです」
面接委員：Mr. Yamada, this is the Grade Pre-2 test. OK?
　　　　　「ヤマダさん，これは準2級のテストです。よろしいですか」
受験者　：OK.「はい」
面接委員：How are you today?「今日の調子はいかがですか」
受験者　：I'm fine.「元気です」

※受験級の確認後，面接委員から英語で声をかけられます。
　How are you today?「今日の調子はいかがですか」, How did you come here today?「今日はどうやってここに来ましたか」, It's very hot today, isn't it?「今日はとても暑いですね」など，簡単な挨拶程度の会話になります。採点の対象ではないので，ウォーミングアップとしてリラックスして答えましょう。

❸ 問題カードの黙読・音読

①面接委員から問題カードを受け取ります。
    ↓
②指示に従って，問題カードの英文を20秒間黙読します。
    ↓
③指示に従って，問題カードの英文を音読します。

会話例

面接委員：OK. Now let's begin the test. Here's your card.
　　　　　「よろしいです。ではテストを始めましょう。これがあなたのカードです」
受験者　：Thank you.「ありがとうございます」
面接委員：First, please read the passage silently for 20 seconds.
　　　　　「まず，英文を20秒間黙読してください」
〈20秒間黙読〉　※音声では黙読の時間を省いてあります。

面接委員：All right. Now, please read the passage aloud.
「結構です。それでは，英文を音読してください」

〈音読〉 ※音声では音読の時間を省いてあります。

❹ 質問と応答

①面接委員からの質問No. 1〜3に答えます。
　　　↓
②面接委員の指示に従って，問題カードを裏返して置きます。
　　　↓
③面接委員からの質問No. 4とNo. 5に答えます。

会話例

面接委員：Now, I'll ask you five questions.
「それでは，これからあなたに5つの質問をします」

受験者　：OK.「わかりました」

(No. 1〜3の質問と応答) ※音声では質問と応答を省いてあります。

面接委員：Now, Mr. Yamada, please turn over the card and put it down.
「では，ヤマダさん，カードを裏返して置いてください」

〈カードを裏返す〉

(No. 4とNo. 5の質問と応答) ※音声では質問と応答を省いてあります。

❺ カード返却・退室

面接委員の指示に従って，問題カードを返却し，退室します。

会話例

面接委員：All right, Mr. Yamada, this is the end of the test. Could I have the card back, please?
「結構です，ヤマダさん，以上でテストは終わりです。カードをお返しくださいますか」

受験者　：Here you are. 「はい，どうぞ」

面接委員：Thank you. You may go now.
「ありがとうございます。退室して結構です」

受験者　：Goodbye. 「さようなら」

面接委員：Goodbye. Have a nice day. 「さようなら。良い1日を」

受験者　：Thank you. 「ありがとうございます」

受験前に面接の流れに慣れて，
落ち着いて本番に臨みましょう。

Protecting Pets

Today, many people like to have pets. Many pet owners treat their pets as part of their family. On the other hand, some people buy cats and dogs at pet shops and then give up taking care of them. In some countries, governments order people to stop selling animals at pet shops, and by doing so they protect many animals.

A

B

No. 1   According to the passage, how do governments in some countries protect many animals?

No. 2   Now, please look at the people in Picture A. They are doing different things. Tell me as much as you can about what they are doing.

No. 3   Now, look at the woman in Picture B. Please describe the situation.

Now, Mr./Ms. ＿＿＿＿, please turn over the card and put it down.

No. 4   Do you think more children will play indoors in the future?
          Yes. → Why?
          No. → Why not?

No. 5   Today, many parents use computers to help their young children study. Do you think computers are good tools for children?
          Yes. → Please tell me more.
          No. → Why not?

［ 解答例とポイント ］

全訳 **ペットを守る**

今日，多くの人々がペットを飼うことを好む。多くのペットの飼い主はペットを家族の一員として扱う。その一方で，ペットショップで猫や犬を衝動買いし，その後世話をすることをやめてしまう人もいる。一部の国では，政府が人々にペットショップでの動物の販売をやめるよう命じ，そうすることで，それらは多くの動物を守っている。

質問の訳 **No. 1** この文によると，一部の国の政府はどのようにして多くの動物を守っていますか。

No. 2 さて，Aの絵に描かれている人々を見てください。彼らはいろいろなことをしています。彼らがしていることをできるだけたくさん説明してください。

No. 3 さて，Bの絵に描かれている女性を見てください。その状況を説明してください。では，～さん（受験者の氏名），カードを裏返しにして置いてください。

No. 4 あなたは，室内で遊ぶ子供は将来増えると思いますか。

No. 5 今日，多くの親が子供たちの勉強を手助けするためにコンピューターを使います。あなたは，コンピューターは子供にとって効果的なツールだと思いますか。

No. 1 **解答例** By ordering people to stop selling animals at pet shops.

解答例の訳 人々にペットショップでの動物の販売をやめるよう命じることによってです。

ポイント 第4文に関する質問。多くの動物が守られているのは，第4文前半の In some countries, governments order people to stop selling animals at pet shops「一部の国では，政府が人々にペットショップでの動物の販売をやめるよう命じている」ことによる。方法を答えるので，by ～ing「～することによって」を用いて答える。

No. 2 **解答例** A woman is buying a ticket. / A boy is looking at a map. / A man is taking a picture of a boy. / A woman is watering flowers. / A girl is riding a bicycle. (順不同)

解答例の訳 女性がチケットを買っています。／少年が地図を見ています。／男性が少年の写真を撮っています。／女性が花に水をやっています。／少女が自転車に乗っています。

ポイント 「～を買う」は buy，「～を見る」は look at ～，「写真を撮る」は take a picture，「（植物など）に水をやる」は water，「（自転車など）に乗る」は ride と表す。

No. 3 **解答例** She's thinking about seeing a doctor because she has a headache.

解答例の訳 彼女は頭が痛いので，医者に診てもらおうと考えています。

ポイント 女性が頭に手をやり，つらそうな様子。そして，吹き出しの中のイラストは，女性が医師の診察を受けている様子を表している。

No. 4 **解答例** （Yes.の場合） Yes. → Why? ― I think video games will be more popular in the future. And more children will like to play them indoors.

（No.の場合） No. → Why not? — Children usually like to play outdoors. They will like playing outside better than playing indoors in the future, too.

解答例の訳 はい。→それはなぜですか。— 将来はテレビゲームがより人気が出ると思います。そして，それらを室内ですることを好む子供たちは増えるでしょう。／いいえ。→それはなぜですか。— ふつう子供は外で遊ぶことを好みます。将来も，家の中で遊ぶよりも外で遊ぶ方を好むでしょう。

ポイント Yesの場合は，室内で遊ぶきっかけとなる要素などを挙げると良い。Noの場合は，子供はふつう外で遊びたがることなどを根拠とすると良い。

No. 5 **解答例** （Yes.の場合） Yes. → Please tell me more. — Young children get interested in studying when they use computers. Children can enjoy learning by playing educational games.

（No.の場合） No. → Why not? — Some children may use computers for too long. Using a computer for a long time is bad for their eyes.

解答例の訳 はい。→詳しく話してください。— コンピューターを使うと，子供は勉強に興味を持ちます。子供たちは教育用のゲームをすることで楽しく学ぶことができます。／いいえ。→それはなぜですか。— 中にはコンピューターを長く使いすぎる子供もいるかもしれません。長時間コンピューターを使うことは目に悪いです。

ポイント Yesの場合は，コンピューター学習の効果を具体的に説明すると良い。Noの場合は，長時間の使用がもたらす弊害などを挙げると良い。

覚えよう！ ▶ **重要語句・表現**

● No. 1の質問に答えるときは，次のような語句の前後を確認するのがポイント。
by doing so「そうすることによって」/ in this way「このようにして」（手段・方法）
as a result「その結果」/ This is because ～.「これは～だからだ」/
because of this「このため」（原因・結果）

● 注意すべき談話標識
however「しかしながら」/ for example「例えば」/ also「また」/
in addition「さらに」

● No. 3の質問文で使われる表現。
describe the situation「状況を説明する」

● No. 4，No. 5の質問に２文以上で答えるときに，文頭に置く表現の例。
I think ～.「私は～だと思います」
I want to ～.「私は～したいです」/ I'd rather ～.「私はむしろ～したいです」

アティチュード

　二次試験には, 音読・質問に対する応答の内容に加えて, 「アティチュード (attitude)」という評価項目があります。attitude とは「態度・姿勢」のことで, 二次試験においては, 積極的にコミュニケーションを図ろうとする意欲や態度のことを指します。具体的には, 次の項目で評価されます。

積極性：自分の言いたい内容を面接委員に積極的に伝えようとしているか
　例えば, What is your favorite sport?とたずねられたら, Tennis.と単語だけで答えるのではなく, My favorite sport is tennis.のような文で答えることで, 相手とのコミュニケーションを積極的に図ろうとしている意欲が伝わります。英語で何と言ったらいいかわからない場合でも, 知っている別の表現を使って, コミュニケーションを持続させようとする気持ちを示すことが大切です。

明瞭な音声：明瞭で適切な大きさの声で話しているか
　音読する際や質問への応答時には, 面接委員が十分聞き取れる大きさの声で明瞭に話すことを心がけましょう。知らない単語があると, 自信をなくして声が小さくなりがちですが, 多少の間違いは気にせず, ペースを保って面接委員に聞こえるように音読・応答しましょう。

自然な反応：会話の流れを損なわず, 質問に対してスムーズに応答できているか
　質問をされたら, 長く間を置くことなくスムーズに答えるように気をつけましょう。質問が聞き取れなかった場合には, I beg your pardon? / Pardon? / Could[Would] you repeat it, please? などと言って, 質問を繰り返してもらいましょう。答えを考える最中も, ただ黙っているのではなく, Well … / Let's see… といったことばを使って, 間をつなぐとより自然にやりとりすることができるでしょう。

一次試験とは異なり, 二次試験に明確な正解はありません。面接委員とアイコンタクトを適度に取り, 会話を楽しむつもりで試験に臨みましょう。

一次試験
予想模試・解答解説

別冊の一次試験模擬試験第1回，第2回の解答解説。全問題の正解，訳，解説，リスニング台本が掲載されている。

予想模試 第1回

一次試験・筆記　解答・解説　　　pp.149〜158
一次試験・リスニング　解答・解説　pp.158〜169

解　答　欄				
問題番号	1	2	3	4
(1)	①	②	③	●
(2)	①	●	③	④
(3)	①	②	●	④
(4)	①	②	③	●
(5)	●	②	③	④
(6)	①	②	●	④
(7)	①	●	③	④
(8)	●	②	③	④
(9)	①	●	③	④
(10)	①	②	●	④
(11)	①	②	③	●
(12)	①	②	③	●
(13)	●	②	③	④
(14)	①	●	③	④
(15)	①	②	③	●
(16)	●	②	③	④
(17)	①	●	③	④
(18)	●	②	③	④
(19)	①	●	③	④
(20)	①	②	●	④

問題番号 **1**

解　答　欄				
問題番号	1	2	3	4
(21)	①	②	③	●
(22)	●	②	③	④
(23)	①	②	●	④
(24)	①	●	③	④
(25)	①	②	③	●
(26)	①	②	●	④
(27)	①	●	③	④
(28)	①	●	③	④
(29)	①	②	③	●
(30)	●	②	③	④
(31)	①	②	●	④
(32)	①	②	③	●
(33)	①	②	③	●
(34)	①	②	●	④
(35)	①	●	③	④
(36)	①	②	③	●
(37)	●	②	③	④

問題番号 **2**（21〜25）、**3**（26〜30）、**4**（31〜37）

⑤ の解答例は
p.157をご覧
ください。

リスニング解答欄				
問題番号	1	2	3	4
例題	①	②	●	
No. 1	①	●	③	
No. 2	①	●	③	
No. 3	①	●	③	
No. 4	①	●	③	
No. 5	●	②	③	
No. 6	①	②	●	
No. 7	●	②	③	
No. 8	①	②	●	
No. 9	①	②	●	
No. 10	①	●	③	
No. 11	①	●	③	④
No. 12	①	②	●	④
No. 13	①	②	③	●
No. 14	①	②	③	●
No. 15	①	②	③	●
No. 16	①	②	③	●
No. 17	①	②	●	④
No. 18	●	②	③	④
No. 19	●	②	③	④
No. 20	①	②	●	④
No. 21	①	②	③	●
No. 22	●	②	③	④
No. 23	①	②	●	④
No. 24	①	②	●	④
No. 25	①	②	③	●
No. 26	①	●	③	④
No. 27	①	②	●	④
No. 28	●	②	③	④
No. 29	①	●	③	④
No. 30	●	②	③	④

第1部（No.1〜10）、第2部（No.11〜20）、第3部（No.21〜30）

［ 解答例とポイント ］

筆記1 ※筆記1では，選択肢が動詞の場合は訳を原形で示してあります。

(1) **正解** 4

全訳 Ａ：エマ，日本の気候はどう？　Ｂ：悪くないけれど，夏の暑さと湿度は苦手だわ。

選択肢の訳 **1** 形態　**2** 物理学　**3** 宿題　**4** 気候

ポイント Ｂの発言から，Ａが気候について質問しているとわかる。

(2) **正解** 2

全訳 ジョンは昨日の会議で新製品のアイデアを披露した。それは高く評価され，製品化されることになった。

選択肢の訳 **1** 否定する　**2** 評価する　**3** 予約する　**4** 要求する

ポイント 第2文のand以下から，ジョンのアイデアが高く評価されたと推測できる。

(3) **正解** 3

全訳 Ａ：どうしたの，メリッサ？　憂鬱そうだよ。　Ｂ：あのね，母が大切にしていた花瓶を割ってしまったの。絶対に許してもらえないわ。

選択肢の訳 **1** 忘れる　**2** 含む　**3** 許す　**4** 証明する

ポイント Ｂの発言第1文から，母親の反応を推測する。

(4) **正解** 4

全訳 アンディは大学で歴史を学んでいる。彼は幼いころから，古代の人々がどのように暮らしていたかに興味を持っているので，その教科が大好きである。

選択肢の訳 **1** 遠く離れた　**2** 親しい　**3** 最近の　**4** 古代の

ポイント 歴史がどのような事について学ぶ学問かを考える。

(5) **正解** 1

全訳 夏季は大量の電力が消費される傾向にあるので，電力各社は人々に節電を呼び掛けている。

選択肢の訳 **1** 量　**2** 数　**3** 質　**4** 規模

ポイント electricity「電力」のような不可算名詞について「大量の」と言うときは，a large amount[large amounts] of ～で表す。

(6) **正解** 3

全訳 Ａ：聞いてよ，アンジェラ！　今度の土曜日のぼくの誕生日パーティーに，マリアを招待したんだ。　Ｂ：本当に？　あの，私の勘違いかもしれないけど，その日は彼女，マークと映画に行く予定だから，あなたの招待を断ると思うわ。

選択肢の訳 **1** 提案する　**2** 従う　**3** 断る　**4** 答える

ポイント Ａの誕生日パーティーの日について，Ｂがマリアはその日にマークと映画に行くと言っていることからマリアは誘いを断ると推測できる。

(7) **正解** 2

全訳 日本は地震や台風，洪水などの自然災害が多い。そこで，自宅や車に非常用持ち出し袋を用意しておくことが望ましい。

選択肢の訳 **1** 義務 **2** 災害 **3** 費用 **4** 病気

ポイント earthquakes, typhoons, and floods は何の例として挙げられているかを推測する。natural disaster「自然災害」。

(8) **正解** 1

全訳 ヒロトは先月からカナダで勉強している。最初のうちは慣習の違いに戸惑ったが，今では学校生活を楽しんでいる。

選択肢の訳 **1** 慣習 **2** 努力 **3** 実験 **4** 量

ポイント be puzzled by ～「～に戸惑う」。ヒロトがカナダで何に戸惑ったかを考える。

(9) **正解** 2

全訳 Ａ：すみません。今夜空いている部屋はありますか。　Ｂ：確認いたしますね…。はい，80ドルのシングルルームがございます。

選択肢の訳 **1** 永続的な **2** （部屋や席が）空いている **3** 正式な **4** 可能な

ポイント ホテルでの会話。Ａ（＝客）の問いかけに対し，Ｂ（＝ホテルのスタッフ）が部屋の種類と値段を答えていることから，空き室についてたずねていると推測できる。

(10) **正解** 3

全訳 ビリーは財布を買いに行って気に入ったものを見つけたが，それは300ドルもした。彼にはそれを買う余裕がなかったので，何も買わずに店を出た。

選択肢の訳 **1** 出席する **2** 欠いている **3** する余裕がある **4** 元気づける

ポイント 第2文後半から，ビリーは財布が高すぎて買えなかったと推測できる。

(11) **正解** 4

全訳 レストランチェーン社長のロンは今年，海外に事業を拡大した。しかし，国内での売り上げが減少しているため，会社は結局負債を抱えることになるだろう。

ポイント 国内での売り上げの不振により，業績がマイナスになると考えられるので，end up ～「結局～（の状態）になる」を入れると意味が通る。in debt「負債を抱えて」。

(12) **正解** 4

全訳 昨日，重い植木鉢を居間に運んでいたとき，サリーは突然背中に鋭い痛みを感じた。痛みで全く動くことができなかったので，彼女は救急車を呼ぶしかなかった。

ポイント all of a sudden「突然」。サリーは突然背中の痛みに襲われて動けなかった。

(13) **正解** 1

全訳 Ａ：おばあさんの具合はどう，ヘレン？　Ｂ：あと数週間は入院してないといけないけれど，少しずつ良くなってきているわ。

Bが祖母の具合は良くなってきていると言っていることから，byを入れて little by little「少しずつ」とすると意味が通る。

(14) 正解 2

全訳 アンドルーズ氏は，トーマスを秘書として雇うことにした。彼に初めて会ったとき，彼は彼女に良い印象を与えたので，彼女は彼を選んだ。

選択肢の訳 1 許可 2 印象 3 運動 4 機会

ポイント トーマスを雇った理由として，he made a good (　　)「とても良い (　　)を与えた」とあることから，トーマスの印象が良かったと推測できる。

(15) 正解 4

全訳 ロビンは大好きな歌手の野外コンサートを楽しみにしていた。しかし悲しいことに，台風のためにコンサートは中止となった。

選択肢の訳 1 実行する 2 断る 3 克服する 4 中止する

ポイント 2文目の最初のSadly, howeverと最後のdue to the typhoon「台風のために」より，野外コンサートが中止になったと推測できる。

(16) 正解 1

全訳 ジムは大抵，買い物に行ったり友人と集まったりして週末を過ごす。しかし今週末は特に予定がなかったので，1日中部屋で映画を見て過ごした。

選択肢の訳 1 特に 2 共通の 3 永遠に 4 非常に長く

ポイント いつもの週末とは違い，「今週は (　　) 予定がなかった」とあることから，in particular「特に」を入れると意味が通る。

(17) 正解 2

全訳 A：おめでとう，エド。あなたは絶対にチャンピオンになるって思っていたわ。B：ありがとう，アン。君のサポートがなかったら，夢を実現できなかっただろうよ。

ポイント realize「実現する」。仮定法過去完了の文なので，助動詞の過去形のあとは〈have＋過去分詞〉。but for「～がなければ」

(18) 正解 1

全訳 A：まあ，何てきれいなハンカチでしょう！ どこで買ったの？ B：グリーン・プラザよ。色違いで3枚買ったから，どれでも好きなのをあげるわ。

選択肢の訳 1 どの～でも 2 いつでも 3 どこでも 4 だれでも

ポイント 色の違う3枚のハンカチを見せて，I'll give you (　　) one you like.「(　　)好きなものを1枚あげる」と言っていることから，意味が通るのはwhicheverのみ。

(19) 正解 2

全訳 A：夏休みに行きたい場所はどこかあるかい？ B：そうねぇ。北海道に行ったことがないから，旅してみたいわ。

ポイント 完了形の分詞構文の否定の形は,〈Never[Not] having ＋過去分詞〉で表す。

(20) 正解 3
全訳 A：ジェシカ,君に見せたいものがあるんだ。目を閉じてここで待っていて。
B：まあ,何なの,ロジャー？ 気になって仕方ないわ。
ポイント her eyesはBの意思によって閉じられるので,〈with ＋名詞＋過去分詞〉の形にする。直訳すると,「目が閉じられた状態で」の意味。

筆記2

(21) 正解 4
全訳 A：すみません。この小包をロンドンに送る一番安い方法は何ですか？
B：船便が一番安いですが,1か月ほどかかります。 A：それは困ります。8月10日までにロンドンに着かなければならないんです。 B：わかりました。ではSAL便で送るのがいいですね。
選択肢の訳 **1** 専用の箱に入れる必要があります **2** まず重さを計る必要があります
3 15ドルほどかかります **4** 1か月ほどかかります
ポイント 郵便局での会話。2巡目でA(＝客)が荷物の到着希望日を伝えていることに着目。

(22) 正解 1
全訳 A：おはよう,ミランダ。今日の数学のテストの準備はできた？ B：何を言っているの,トム？ 今日あるのは理科のテストよ。 A：本当に？ 何てこった！ 勘違いしていた。 B：かわいそうなトム。でも心配ないわ。あなたは理科が得意だから,うまくいくわよ。
選択肢の訳 **1** 今日の数学のテストの準備ができて **2** テスト勉強に疲れて **3** 今日の放課後ひまな **4** 数学が得意で
ポイント 1巡目でB（＝Miranda）が,今日あるのは理科のテストだと言っていることから,A（＝Tom）が試験の科目を勘違いしていたと推測できる。

(23) 正解 3
全訳 A：今日はお招きいただきありがとう,リディア。 B：どうぞくつろいでね,ショーン。夕食はすぐにできるわ。 A：ありがとう。ええと,母が作ったチーズケーキを持ってきたよ。 B：まあ,それはすてき。デザートにぴったりね。
選択肢の訳 **1** レストランで席を予約しておくべきだったね **2** 少し休んだらいいよ
3 母が作ったチーズケーキを持ってきたよ **4** 途中で雑誌を買ったよ
ポイント 2巡目でB（＝Lydia）が,A（＝Sean）の持ってきたものについて,デザートにぴったりだと言っている。

(24)(25) 全訳
A：お手伝いしましょうか？ B：ああ,はい。このシャツの小さいサイズのものはありますか？ A：こちらはフリーサイズになっております。 B：そうなんですか？

大きく見えますね。ちょっと試着してみてもいいですか。　A：もちろんです。試着室
にお連れします。　B：はい。ああ，待って。他にも試着したいものがあるのですが。
A：かしこまりました。こちらは取り置いて，ここでお待ちしますね。　B：ありがと
う。取って来ます。

(24) 　正解　2

選択肢の訳　**1**　今セール中のもの　**2**　このシャツの小さいサイズ　**3**　自分に似合う
シャツ　**4**　このズボンの色違い

ポイント　衣料品店での会話。2巡目でA（＝店員）がThis is one-size-fits-all, sir.と言っ
ていることから，B（＝客）は服のサイズについてたずねていると推測できる。one-
size-fits-all「1サイズで全てに合う→フリーサイズの」

(25) 　正解　4

選択肢の訳　**1**　在庫と値段を調べてほしい　**2**　まず妻に見てもらいたい　**3**　その前
にトイレに行く必要がある　**4**　他にも試着したいものがある

ポイント　3巡目でAが試着室に案内しようとしており，また最後にBが何かを取って
来ると言っていることから，Bには他にも試着したい服があると推測できる。

筆記3[A]

全訳　アメリのお気に入り

　フランス人学生のアメリは，ヤマダ夫妻の家に滞在し，東京の大学に通っている。ヤ
マダさんは料理が大好きで，色々な日本食を作ってくれる。アメリは彼女の作るものは
何でも好きである。しかし実は，彼女にはかつて，好きではないものが1つあった。そ
れは白米だった。フランスでは普段パンを食べていた彼女にとって，ねばねばして味の
しない日本米は，全くおいしくなかった。そのため，アメリは肉じゃがや天ぷらとでも
パンを食べた。ヤマダさんはそのことを少し残念に思っていた。

　ある日，アメリは友人たちとハイキングに行った。ヤマダさんは彼女のために弁当を
作ってくれた。少女たちは学校生活についておしゃべりをしながら，山の中を歩いて楽
しんだ。昼食時に，アメリが弁当箱を開けると，黒くて丸いものが見えた。一口食べて，
それが米だと気づいたが，驚いたことに，とてもおいしかった。それはヤマダさんが作っ
たおにぎりだった。家に帰ると，アメリはヤマダさんにおにぎりの作り方を教えてほし
いと頼んだ。今では，アメリは毎日おにぎりを食べ，お気に入りのおにぎりの具を見つ
けるのに夢中である。

(26) 　正解　3

選択肢の訳　**1**　母親の料理が恋しかった　**2**　もまたフランス料理を作った　**3**　彼女
の作るものは何でも好きだった　**4**　しばしば食欲がなかった

ポイント　空所を含む文の直後より，ある1つのもの以外については，アメリはヤマダ
さんの作る料理が好きだったと推測できる。

正解 1

選択肢の訳 **1** それが米だと気づいた **2** それが出来合いのものだと知った **3** それをとても好きだと思った **4** それを以前に作ったことがあると気づいた

ポイント 空所直後より，アメリは食べたものが米だと気づいたが，予想に反しておいしく，驚いたと推測できる。

筆記3[B]

全訳 動物の睡眠時間

　睡眠はほとんど全ての生き物にとって不可欠なものである。人間の成人の理想的な睡眠時間は，6〜8時間であると言われている。動物はどうだろうか。彼らはどのくらい眠るのだろうか。睡眠時間が最も短い動物の1つはキリンで，1日に20分しか眠らない。ゾウ，ウマ，ウシ，ヒツジなどの他の草食動物も，2〜3時間しか眠らない。一方，多くの肉食動物は人間よりもさらに長く眠る。例えば，ライオンやオオカミは10〜15時間眠る。

　基本的に，肉食動物はより長く眠る。高タンパク高カロリーの肉を食べて空腹が満たされるので，1度獲物を捕まえて食べれば，しばらく狩りをしなくてもよい。彼らは他の動物に襲われることもあまりない。その一方で，草食動物は敵からいつでも逃げられるように，ほとんど眠らない。ウマのように立ったまま眠るほど用心深い動物もいる。その上，彼らが食べる草はカロリーが低いので，大量に食べる必要がある。そのため，彼らは眠ることよりも食べることにより多くの時間を費やさなければならない。

　しかしながら，とても長く眠る草食動物もいる。コアラがその一例である。驚くべきことに，彼らは1日に18〜20時間も眠る。なぜか。コアラは主にユーカリの葉を食べるが，それには強い毒が含まれる。コアラがそれを消化するには多くの時間とエネルギーが必要なので，自分のためにエネルギーを蓄えるのに長い間眠る必要があるのだ。

---

(28) **正解** 2

選択肢の訳 **1** 冬の間ずっと眠る **2** 人間よりもさらに長く眠る **3** これらの草食動物を襲う **4** 睡眠時間がほとんど必要ない

ポイント 空所を含む文の直前で草食動物の睡眠時間が短いことが述べられている。空所を含む文は On the other hand「一方」でつながれて肉食動物について述べているので，草食動物とは対照的に睡眠時間が長いという内容が適する。

---

(29) **正解** 4

選択肢の訳 **1** 新鮮な草を見つけて食べる **2** 夜により活動的になる **3** 夜の間により多くの食べ物を手に入れる **4** 敵からいつでも逃げる

ポイント 空所を含む文の直後に，ウマが立ったまま眠るほど用心深いことが述べられている。そうした用心深さと草食動物の睡眠時間が短いことの関連を考える。

---

(30) **正解** 1

選択肢の訳 **1** エネルギーを蓄える **2** より多くの葉を見つける **3** 動物の肉を食

べる　**4**　毒を作る

ポイント　空所直前より，コアラは眠ることによってユーカリの葉を消化するためのエネルギーを蓄えていると推測できる。

筆記4[A]

全訳

差出人：バーバラ・エヴァンス＜<u>b-evans2@coolmail.com</u>＞
宛先：アサミ・クドウ＜<u>asm-kudo@webmail.com</u>＞
日付：7月25日
件名：ありがとう！
親愛なるアサミ，

元気？　昨日の朝，ロンドンに戻ってきたわ。もっと早く連絡したかったけど，荷物を解くのに忙しかったの。日本であなたが私にしてくれた全てのことに感謝しているわ。あなたの家に滞在して，本当に楽しかった。私は，私が日本を発つ2日前にあなたが開いてくれた送別会の写真を見ながら，メールを書いているの。その日は，7月22日は私の20歳の誕生日でもあったわ。あの思い出に残る日のことを決して忘れない。

素敵な日本のお土産を選ぶのを手伝ってくれたことにも感謝しているわ。両親と兄のジョン，弟のヘンリーは喜んで受け取ってくれた。両親は早速緑茶を湯呑に入れて楽しんでいたわ。ジョンは今朝，そのTシャツを着て大学に行ったの。シャツにある漢字をとても気に入っているわ。ヘンリーは，日本の電車の絵本を読むのに熱中している。

私はますます日本に興味が湧いてきたわ。今，週末に日本語を勉強できる語学学校を探しているの。読み書きの力を高めるために，大学の図書館で日本語の本をたくさん読むつもりよ。話すことについては，あなたの助けが必要なの。時間があるときに，オンラインでチャットをしてね。日頃から日本語を話すことは，上手になるための一番の方法だと思うの。

あなたの友
バーバラ

予想模試・第1回

(31)　正解　**3**

質問の訳　7月22日，バーバラは

選択肢の訳　**1**　イギリスに向けて日本を発った。　**2**　日本から自分の国に戻った。　**3**　送別会で素晴らしい時を過ごした。　**4**　アサミの誕生日を祝った。

ポイント　7月22日については，本文第1段落6，7文目より，バーバラの送別会が開かれたとわかる。

(32)　正解　**4**

質問の訳　バーバラは兄に何をあげましたか。

選択肢の訳　**1**　おもちゃの電車と絵本。　**2**　緑茶葉とティーカップ。　**3**　漢字を勉強するのに役立つ本。　**4**　漢字がプリントされたTシャツ。

ポイント　バーバラの兄の名は，本文第2段落2文目よりJohn。4〜5文目より，漢字が

プリントされたＴシャツをあげたとわかる。

(33) 　**正解**　4

　質問の訳　バーバラはアサミに何をしてほしいと頼んでいますか。

　選択肢の訳　**1** ロンドン在住の日本人を紹介する　**2** 日本語学校を探す。　**3** 彼女に日本語の本を送る。　**4** インターネットを使って彼女と話をする。

　ポイント　第３段落最後から２文目で，オンラインでチャットをしてほしいと頼んでいる。

筆記4[B]

　全訳　モンゴルのゲル

　モンゴルは東アジアの内陸に位置し，日本の約４倍の大きさである。モンゴルの天候は気温差が大きいことが特徴である。夏には40度近くまで上昇し，冬にはマイナス30度を下回ることもある。国土の約80％が草原であるため，多くの人が，家畜のための草や水を求めて１年を通して各地を移動する。

　このような特定の場所に定住しない人々は普通，ゲルと呼ばれる移動式の家で暮らしている。ゲルは円形の小屋で，すぐに組み立てたり解体したりすることができる。2〜3人いれば約１時間半〜２時間で１棟のゲルを組み立てることができる。ゲルの部品は普通，ウシやラクダなどの動物が運ぶが，最近ではトラックもよく利用される。さらに，かつてはゲルの部品のほとんどが手作業で作られていたが，現在では多くの場合，工場で作られる。

　１家族用の標準的なゲルの大きさは，直径4.5〜6.5メートルほどである。ゲルの天井の中央部は，布をめくると窓のように開き，人々はそこからたっぷりの自然光を得ることができる。天井から差し込む日光とそれが作る影は，人々に時間を知らせてもくれる。ゲルは常に南向きになっている。水の供給はないので，ゲルは川や沼の近くに建てられることが多い。

　夏の日中，人々は天井を開け，新鮮な空気を取り込む。冬，気温がマイナス10度を下回るときは，地面に複数のカーペットを敷き，天井と壁をさらに多くのフェルトで覆う。ゲルで暮らすことにより，人々は電気がなくても，暑い夏も寒い冬も快適に過ごすことができる。ゲルは究極のエコな住居なのかもしれない。そのため，首都ウランバートルでも，多くの家族がいまだにゲルで暮らしている。

(34) 　**正解**　3

　質問の訳　モンゴルの多くの人々は，

　選択肢の訳　**1** １年を通して天候が穏やかな地域でのみ暮らしている。　**2** １か所に定住し，ヒツジやヤギにエサを食べさせるために草原に行く。　**3** 動物のための十分な草を得るために国中を移動する。　**4** 気温が低すぎるので，冬には住む場所を変える。

　ポイント　第１段最終文より，モンゴルの多くの人々は，家畜のための草や水を求めて１年を通して各地を移動する，遊牧生活を送っている。

(35) **正解** 2

質問の訳 ゲルについて正しいのはどれですか。

選択肢の訳 **1** 自分の家を持っている人でさえも, 好んで住んでいる。 **2** 最近の人々は, しばしば家畜の代わりにトラックでその部品を運ぶ。 **3** 1人の人が1時間以内くらいで簡単に組み立てることができる。 **4** 全ての部品が手作業で作られているので, とても価値が高い。

ポイント 第2段落4文目より, 最近では部品の運搬にトラックもよく利用される。

(36) **正解** 4

質問の訳 ゲルの天井の一部は,

選択肢の訳 **1** 1枚の円形のガラスで覆われているので, ゲルの中に日光が入る。 **2** 人々が容易に開けたり閉めたりできる小さな四角い窓がある。 **3** 常に閉じているが, 壁の窓から光を得ることができる。 **4** 日時計の働きをし, 人々は時間を知ることができる。

ポイント 第3段落3文目より, 天井からの日光とそれが作る影が, 人々に時間を知らせてくれるとある。

(37) **正解** 1

質問の訳 なぜ筆者はゲルを, 究極のエコハウスと言いましたか。

選択肢の訳 **1** どんな気候においても, 人々が電気を使わずに暮らすことができるので。 **2** より多くの人々が都市から郊外に引っ越すようになるので。 **3** 日光を使って発電することができるので。 **4** 人々が色々な場所を移動することを可能にするので。

ポイント 第4段落3文目より, ゲルでは, 電気がなくても暑い夏も寒い冬も快適に過ごすことができる。

筆記5

QUESTION の訳 あなたは, 日本の小学校は生徒のためにスクールバスを使うべきだと思いますか。

解答例1 Yes, I do. I have two reasons. First, students can get to school more safely by school bus. If students use school buses, there will be fewer traffic accidents. Second, students don't have to spend their time and energy getting to and from school. As a result, they can have more time to study.

解答例の訳 はい, 思います。2つの理由があります。第一に, 生徒はスクールバスに乗って, より安全に通学することができます。生徒がスクールバスを利用すれば, 交通事故は減るでしょう。第二に, 生徒は登下校に時間と体力を使う必要がありません。その結果, 勉強する時間を増やすことができます。

解答例2 No, I do not. First, having school buses costs a lot of money. Some schools may not be able to have them without the support of the government or a local community. Second, some students won't get enough exercise if they go to school by bus every day. When young, students should walk as much as possible.

いいえ，思いません。第一に，学校がスクールバスを所有するには，たくさんのお金がかかります。政府や地域社会の支援なしでは，それを所有することができない学校もあるかもしれません。第二に，毎日学校にバスで行くと運動不足になる生徒がいるかもしれません。若いうちは，できるだけ歩くべきです。

ポイント 設問文がDo you think 〜?なので，まずYesの立場かNoの立場かを述べる。2つの理由は，First[Firstly]「第一に，まず」，Second[Secondly]「第二に，次に」などを使って列挙するとよい。

リスニング・第1部

No.1 正解 2

放送文 *A:* What are your plans for this weekend? *B:* I'll go camping in the mountains. *A:* Sounds interesting! Can I join you if I finish writing my report?
1 Sorry, I can't help you with your report. **2** Sure, you're most welcome.
3 Oh, I've read that before.

全訳 A：今週末の予定は何？ B：山へキャンプに行くんだ。 A：おもしろそう！レポートを書き終えたら私も行ってもいい？

選択肢の訳 **1** ごめん，レポートの手伝いはできないよ。 **2** もちろん，大歓迎だよ。
3 ああ，それを前に読んだことがあるよ。

ポイント キャンプの計画を聞いたAが，自分も行ってよいかどうかをたずねているので，それについて答えているものを選ぶ。

No.2 正解 2

放送文 *A:* Mom, I'll be going to the amusement park with Judy tomorrow.
B: Really? You've just recovered from the flu. Besides, it'll be very cold tomorrow.
A: I know, but tomorrow is Judy's birthday.
1 Then I'll take this medicine. **2** Then make sure you keep warm. **3** Then heat this in the oven.

全訳 A：お母さん，明日ジュディーと遊園地に行くよ。 B：本当に？ インフルエンザが治ったばかりじゃない。それに，明日はとても寒くなるのよ。 A：わかってるけど，明日はジュディーの誕生日なんだ。

選択肢の訳 **1** じゃあ私はこの薬を飲むわ。 **2** じゃあ必ず体を温かくしてね。
3 じゃあこれをオーブンで温めて。

ポイント インフルエンザが治ったばかりのA（＝息子）がB（＝母親）に，遊園地へ行くと言っている。

No.3 正解 2

放送文 *A:* Hello. Jenny's Kitchen. *B:* Hello. I'd like to reserve a table for three at seven next Thursday evening. *A:* I'm sorry, but we're only open for lunch on Thursdays.
1 Really? Then I'll be later than the reservation time. **2** I see. Then I'll consider

another date and time.　**3**　OK.　Then I'll change your reservation.

全訳　Ａ：もしもし。ジェニーズ・キッチンです。　　Ｂ：もしもし。今度の木曜日の夜7時に3人でテーブルを予約したいのですが。　　Ａ：申し訳ございません。木曜日はランチのみの営業となっております。

選択肢の訳　**1**　本当ですか？　では予約時間に遅れそうです。　　**2**　そうですか。では別の日時を検討します。　　**3**　わかりました。ではご予約を変更いたします。

ポイント　木曜日の夜7時にレストランの予約を入れようとしたＢ（＝客）に，Ａ（＝店員）が，木曜日は昼のみの営業であることを伝えている。予約の日時の変更についての発言が続くと考えられる。

No.4　**正 解**　**2**

放送文　*A:* Hey, Mark. I'm looking for Frank, but he's not at his desk.　*B:* I'm sure he's drinking tea somewhere as usual.　*A:* Oh, no. I can't believe it! Is he skipping work again?

1　He'll be happy to have tea with you.　**2**　We should let our boss know about it.
3　I think you should work as hard as he does.

全訳　Ａ：ねえ，マーク。フランクを探しているんだけど，席にいないの。　　Ｂ：きっといつものように，どこかでお茶でも飲んでいるのさ。　　Ａ：もう，そんな。信じられないわ！　彼はまた仕事をさぼっているの？

選択肢の訳　**1**　彼は君とお茶をすることができて喜ぶだろうよ。　　**2**　このことを上司に知らせるべきだね。　　**3**　君は彼と同じくらい一生懸命に働くべきだよ。

ポイント　Ｂの発言中のas usual「いつものように」より，フランクは常習的に仕事をさぼっていると推測できる。Ａもフランクについて，「信じられないわ！」と怒っていることからも，フランクの行動に対する対応に関する発言が適する。

No.5　**正 解**　**1**

放送文　*A:* Excuse me, flight attendant.　*B:* How can I help you, sir?　*A:* I asked for chicken, but this seems to be fish.

1　Sorry, I'll change it right away.　**2**　We will soon arrive at the airport.　**3**　Yes, here's your blanket.

全訳　Ａ：すみません，客室乗務員さん。　　Ｂ：何か御用ですか，お客様？
Ａ：チキンをお願いしたのですが，これは魚のようです。

選択肢の訳　**1**　申し訳ございません，すぐにお取替えします。　　**2**　間もなく空港に到着します。　　**3**　はい，こちらが毛布です。

ポイント　Ａ（＝飛行機の乗客）は出された食事の間違いを伝えているので，その間違いに対する対応を述べるのが自然。

No.6　**正 解**　**2**

放送文　*A:* Lisa, thanks to you, the new pudding has sold well.　*B:* Really? I'm so happy as it took a few months to create it.　*A:* Many customers buy four or five at a time.

1 Oh, I want to try it someday. **2** Ah, my efforts were rewarded. **3** Hmm, you can't buy them online.

全訳 A：リサ，君のお陰で，新商品のプリンはよく売れているよ。 B：本当に？作り出すのに数か月かかったから，うれしいわ。 A：たくさんのお客さんが，1度に4，5個は買っているよ。

選択肢の訳 **1** まあ，いつか試してみたいわ。 **2** ああ，努力が報われたわ。 **3** うーん，オンラインショップでは買えないの。

ポイント 苦労して開発した商品が順調に売れていると知らされている場面なので，肯定的な内容の発言が適する。

No.7 正解 **1**

放送文 *A:* How do the trousers fit, sir? *B:* I think they're a little long for me. Do you have a smaller size? *A:* No, but we can make them shorter at the counter over there.

1 Please do so, then. **2** I'll look for longer ones, then. **3** I think they're too tight for me.

全訳 A：ズボンの着心地はいかがですか？ B：少し長いみたいです。もっと小さいサイズはありますか？ A：ございませんが，あちらのカウンターで短くすることができます。

選択肢の訳 **1** ではそうしてください。 **2** ではもっと長いものを探します。 **3** ぼくにはきつすぎると思います。

ポイント 試着したズボンが長いと言うB（＝客）に対して，A（＝店員）が（丈を）短くすることができると言っている。

No.8 正解 **3**

放送文 *A:* Max, why don't we go to see a movie tomorrow evening? *B:* Sounds nice. At Plaza Cinema, Saturday is discount day for students. *A:* That's great. Let's see *White Horse*.

1 No. I don't want to see a movie. **2** Yes. I'll be busy that day. **3** OK. Don't forget your student ID card.

全訳 A：マックス，明日の晩，映画を見に行かない？ B：いいね。プラザ・シネマでは，土曜日は学生の割引デーだよ。 A：それはいいわね。『ホワイト・ホース』を見ましょうよ。

選択肢の訳 **1** いや。映画は見たくないな。 **2** うん。その日は忙しいんだ。 **3** いいよ。学生証を忘れないでね。

ポイント Bは映画を見に行くことに同意して，土曜日は学生の割引デーだと言っている。

No.9 正解 **3**

放送文 *A:* Mr. Smith, this is medicine for headaches. *B:* Thank you. When should

I take it?　*A:* After each meal.　It may make you sleepy, so please don't drive.
1　Well, I'll go there by car.　**2**　Well, I'll try to take it before driving.　**3**　Well, I won't drive till I get well.

全訳　Ａ：スミス様，こちらが頭痛薬です。　Ｂ：ありがとうございます。いつ飲めばいいですか。　Ａ：毎食後です。眠くなることがあるので，車の運転はしないでください。

選択肢の訳　**1**　ええと，そこには車で行きます。　**2**　ええと，運転する前に飲むようにします。　**3**　ええと，良くなるまで運転はしません。

ポイント　処方した薬についてＡ（＝薬剤師）が，眠くなることがあるので運転をしないようにと注意していることと矛盾しない内容の発言を選ぶ。

No.10　**正解**　**2**

放送文　*A:* Hi, Helen.　I'm inviting my co-workers for dinner on Friday.　Will you come?　*B:* I'd love to.　Shall I bring anything?　*A:* Thank you, but I can't think of anything at the moment.

1　Well, tell me how many you need.　**2**　OK.　Let me know.　**3**　Sure.　I'm ready to cook.

全訳　Ａ：やあ，ヘレン。金曜日の夕食に，同僚を招待しているんだ。君も来ないかい？　Ｂ：ぜひ行きたいわ。何か持って行こうか？　Ａ：ありがとう，でも今のところ思い浮かばないよ。

選択肢の訳　**1**　ええと，何個必要か教えてね。　**2**　わかった。何かあれば知らせてね。
3　もちろん。料理をする準備はできているわ。

ポイント　夕食に招待されたＢが，何か持って行こうかと申し出たが，Ａは特に思いつくものがないと言っている。何か思いついた場合の対応を述べた発言が適する。

リスニング・第2部　

No.11　**正解**　**2**

放送文　*A:* Bill, will you have soccer practice after school today?　*B:* No, Mom. It's three days before final exams, so we won't have practice until next week.
A: That's good.　Then I want you to visit Grandma and check her computer.　She says there's something wrong with it.　*B:* Sure.　I'll bring some cookies I baked yesterday.

Question: What will Bill do after school?

全訳　Ａ：ビル，今日の放課後，サッカーの練習はあるの？　Ｂ：ないよ，お母さん。期末試験の３日前だから，来週まで練習はないんだ。　Ａ：よかった。じゃあおばあちゃんの所に行って，パソコンを見てあげてちょうだい。何だか調子が悪いんですって。
Ｂ：いいよ。昨日焼いたクッキーを持って行くよ。

質問の訳　ビルは放課後何をしますか。

選択肢の訳　**1**　サッカーを練習する。　**2**　祖母の手伝いをする。　**3**　クッキーを焼く。
4　試験勉強をする。

ポイント A（＝母親）はB（＝Bill）に，調子が悪いと言う祖母のパソコンを見てきて ほしいと言っている。

No.12 **正解** 3

放送文 *A:* Look, honey. I received an e-mail and photos from Alonzo. *B:* Let's see. Oh, they remind me of our trip to Italy. *A:* You look happy on the boat. We missed the sunset that day, but we enjoyed the river cruise. *B:* Yes. Alonzo says he wants us to visit his farm the next time we go to Italy.

Question: What is one thing the man and woman did in Italy?

全訳 A：見て。アロンツォからメールと写真を受け取ったよ。　B：どれどれ。ああ， イタリア旅行を思い出すわね。　A：君はボートに乗ってうれしそうだね。あの日は夕 日を見ることはできなかったけれど，川下りは楽しかったね。　B：そうね。アロンツォ が，今度イタリアに行くときは，彼の農場に来てほしいと言っているわ。

質問の訳 男性と女性がイタリアでした1つのことは何ですか。

選択肢の訳 **1** 彼らは海で泳いだ。 **2** 彼らは美しい夕日を見た。 **3** 彼らは川を 旅した。 **4** 彼らは友人の農場を訪れた

ポイント 2人は，イタリア旅行で川下りのボートに乗った写真を見ながら話している。

No.13 **正解** 4

放送文 *A:* Sam, it's ten minutes till nine. The library opens soon. Let's wait at the entrance. *B:* Well, Mom asked us to get a cinnamon roll at Green Bakery, right? The bakery also opens at nine, so we'd better go there first. *A:* Oh, you may be right. Their cinnamon rolls are very popular, so they always sell out within ten minutes. *B:* Yes. Let's hurry.

Question: Why do the boy and the girl decide to go to the bakery first?

全訳 A：サム，あと10分で9時よ。図書館はもうすぐ開くわね。入口で待ちましょ う。　B：ええと，お母さんが，グリーン・ベーカリーのシナモンロールを買ってきてっ て言っていたよね？　パン屋も9時開店だから，まずそこへ行った方がいいよ。　A： ああ，その通りかもしれないわね。あそこのシナモンロールはとても人気だから，いつ も10分以内に売り切れるものね。　B：うん。急ごう。

質問の訳 少年と少女はなぜ最初にパン屋に行くことにしましたか。

選択肢の訳 **1** パン屋が今いる場所に最も近い。 **2** お腹がすいていてパンを食べた い。 **3** 図書館が開くまでにまだ時間がたくさんある。 **4** ほしいパンがすぐに売 り切れるかもしれない。

ポイント 2人の母親から頼まれているシナモンロールについて，2巡目でAが，人気が あるので10分以内に売り切れると言っている。

No.14 **正解** 4

放送文 *A:* Alice, we've been playing tennis for more than an hour. Let's rest for a while. *B:* OK. Oh, I'm very thirsty. I want to drink something cold. *A:* Me, too. I'll get something to drink at the convenience store over there. *B:* Thank you. Please get orange juice for me.

Question: What is one thing the woman says?

全訳　A：アリス, 僕たち1時間以上もテニスをしているよ。ちょっと休憩しようよ。B：いいわ。ああ, のどがとても乾いたわ。何か冷たい物を飲みたいわ。　A：ぼくもだよ。あそこのコンビニで何か飲むものを買ってくるよ。　B：ありがとう。オレンジジュースをお願い。

質問の訳　女性が言っていることの1つは何ですか。

選択肢の訳　**1**　彼女はお腹がすいてきた。　**2**　彼女はテニスをするのに飽きた。
3　彼女はコーヒーが好きではない。　**4**　彼女は冷たい飲み物がほしい。

ポイント　B（＝Alice）の1巡目の発言より, 冷たい飲み物を飲みたがっている。

No.15　正解　**2**

放送文　*A:* Excuse me. We're still waiting for our food. *B:* Oh, I'm sorry, ma'am. I'll check in the kitchen. *A:* And, can I have a small bowl and a spoon for my kid? They're useful for him to eat. *B:* Sure. I'll bring them with your meal.

Question: What does the woman want to do?

全訳　A：すみません。まだ料理を待っているのですが。　B：ああ, 申し訳ございません, お客様。厨房で確認してきます。　A：それと, 子供用に小さなお椀とスプーンをもらえますか。彼が食べるのに便利ですから。　B：かしこまりました。お食事と一緒にお持ちします。

質問の訳　女性は何をしたがっていますか。

選択肢の訳　**1**　スパゲッティをもう1つ注文する。　**2**　子供が食事をしやすくする。
3　デザートのメニューを見る。　**4**　注文を変更する。

ポイント　A（＝女性）が2巡目で, 子供が食べやすいようにお椀とスプーンを持ってきてほしいと言っている。

No.16　正解　**4**

放送文　*A:* Hello. Grand Department Store. May I help you? *B:* Hi. I think I left my wallet when I shopped there this afternoon. It's a black wallet with my initials, K.S. *A:* Let me check …. Yes, we have that wallet here. You can pick it up at the service desk on the first floor. *B:* Sure. I'll be there right away.

Question: What will the man probably do next?

全訳　A：もしもし。グランド・デパートです。何か御用でしょうか？　B：もしもし。今日の午後, そちらで買い物をしたときに財布を置き忘れたようです。K.S.のイニシャルが付いた黒い財布です。　A：確認いたします…。はい, その財布ならございます。1階のサービス・デスクでお受け取りいただけます。　B：わかりました。すぐ行きます。

質問の訳　男性は恐らく次に何をしますか。

選択肢の訳　**1**　デパートで新しい財布を買う。　**2**　デパートに再度電話をかける。
3　今日の午後に行った別の場所に電話をかける。　**4**　デパートの1階に行く。

No.17　**正解**　3

放送文　*A:* Janice, I hear you've been into Korean movies.　*B:* Yes. They're so exciting that I don't have time to sleep. Oh, I want to visit Korea someday.
A: Hey, don't watch them too much. You look sleepy all the time these days.　*B:* I know, but now I am able to understand Korean.
Question: How did Janice learn Korean?

全訳　A：ジャニス，韓国映画にハマっているって聞いたよ。　B：そうよ。とてもわくわくするから，寝る時間もないわ。ああ，いつか韓国に行ってみたいな。　A：ねえ，あまり見過ぎないようにね。最近いつも眠そうだよ。　B：わかっているわ，でもその代わりに，韓国語を理解できるようになったの。

質問の訳　ジャニスはどのようにして韓国語を学びましたか。

選択肢の訳　**1**　彼女は韓国人の少女と友達になった。　**2**　彼女は家庭教師をつけて勉強した。　**3**　彼女はたくさんの韓国映画を見た。　**4**　彼女は何度も韓国を旅行した。

ポイント　1巡目のやり取りより，B（＝Janice）は韓国映画に夢中で，さらにBは2巡目の発言で，そのお陰で韓国語を理解できるようになったと言っているとわかる。

No.18　**正解**　1

放送文　*A:* Honey, let's book the train tickets for our summer vacation trip.
B: What? We haven't decided where to go yet.　*A:* Didn't I tell you that I want to go to Madrid? Trains to Madrid become fully booked quickly.　*B:* I see, but before that, let's talk once more about where to go for the trip.
Question: What does the man want to do?

全訳　A：あなた，夏休みの旅行の電車の切符を予約しましょうよ。　B：何だって？まだどこに行くかも決めていないじゃないか。　A：マドリードに行きたいって言わなかったっけ？マドリード行きの電車はすぐに予約でいっぱいになるのよ。　B：なるほど，でもその前に旅行の行き先をもう一度話し合おうよ。

質問の訳　男性は何をしたがっていますか。

選択肢の訳　**1**　夏休み中にどこへ行くかを決める。　**2**　妻と電車の切符について話す。　**3**　マドリードへの行き方について考える。　**4**　自分たちの旅行の電車の切符を予約する。

ポイント　B（＝男性）は最後の発言で，マドリード行きの切符を取ろうとしているA（＝女性）と，旅行先について再度話し合おうと言っている。

No.19　**正解**　1

放送文　*A:* Hello, George. This is Mei. Would you like to go shopping today?
B: Hi, Mei. Sorry, but I can't. I have to go to the office right away.　*A:* Oh, do you work on your day off?　*B:* No. I haven't sent the document that I had to send to the client yesterday. It's still in my desk.

Question: What is George's problem?

全訳　A：もしもし，ジョージ。メイよ。今日，買い物に行かない？　B：やあ，メイ。ごめん，無理だよ。すぐにオフィスに行かなければならないんだ。　A：あら，休日出勤なの？　B：いいや。昨日クライアントに送らなければいなかった書類を送っていなかったんだ。まだぼくの机の中にある。

質問の訳　ジョージの問題は何ですか。

選択肢の訳　**1**　彼はクライアントに書類を送り忘れた。　**2**　彼は上司と連絡が取れない。　**3**　彼は週末に働くことにうんざりしている。　**4**　彼はメイの家に時間通りに行くことができない。

ポイント　B（＝George）が2巡目で，クライアントに送らなければならなかった書類をまだ送っていないと言っている。

No.20　正解　3

放送文　*A:* Mom, I'll be going fishing with Ben tomorrow. Do you know where my black jacket is? *B:* Oh, are you going to wear that? It will be very cold tomorrow, so you should wear something warmer. *A:* I see. Then the green jacket is better. Oh, there it is. And I need a woolen cap. *B:* Don't forget gloves, too.

Question: What is the boy doing?

全訳　A：お母さん，明日ベンと釣りに行くんだ。ぼくの黒いジャケットがどこにあるか知ってる？　B：まあ，あれを着て行くつもりなの？　明日はとても寒いから，もっと暖かいものを着た方がいいわ。　A：わかった。じゃあ緑のジャケットの方がいいな。ああ，あった。それから毛糸の帽子も必要だな。　B：手袋も忘れないでね。

質問の訳　少年は何をしていますか。

選択肢の訳　**1**　友達と釣りを楽しんでいる。　**2**　天気予報を見ている。　**3**　明日の服を準備している。　**4**　衣料品店で買い物をしている。

ポイント　A（＝少年）の発言より，明日の釣りに着て行く服装の準備をしている。

リスニング・第3部

No.21　正解　4

放送文　Olivia likes flowers very much. She goes to the park near her house every Sunday and takes many pictures of flowers. She sometimes enjoys lunch at the cafeteria in the park. Last Sunday, as she felt a little tired, she stayed home and looked over the pictures she had taken. She hopes she can hold an exhibition of her pictures someday.

Question: How did Olivia spend last Sunday?

全訳　オリビアは花が大好きである。彼女は毎週日曜日に家の近くの公園に行き，花の写真をたくさん撮る。彼女は公園内のカフェテリアで昼食を楽しむこともある。先週の日曜日，彼女は少し疲れていたので，家にいて，自分の撮った写真を見返した。彼女はいつか写真展を開けたらいいなと思っている。

質問の訳　先週の日曜日，オリビアはどのように過ごしましたか。

選択肢の訳 **1** 彼女は公園に写真を撮りに行った。　**2** 彼女は写真展を開いた。
3 彼女はカフェテリアで昼食を楽しんだ。　**4** 彼女は写真を見返した。
ポイント　4文目より，これまでに撮った写真を見返した。

No.22　正解　1

放送文　Iceland is a country known as "the land of fire and ice." It's called "the land of fire" because there're many volcanoes all over the country. Many of them are active volcanoes, so when you go mountain hiking, you can enjoy natural river hot springs. The reason why it's called "the land of ice" is that about 10 percent of its surface is covered by ice.

Question: What is one thing that we learn about Iceland?

全訳　アイスランドは「火と氷の国」として知られる。「火の国」と呼ばれるのは，国の至る所に火山があるからである。その多くは活火山なので，山へハイキングに行くと，天然の川の温泉を楽しむことができる。「氷の国」と呼ばれる理由は，国土の約10%が氷で覆われていることである。

質問の訳　アイスランドについて私たちがわかることの1つは何ですか。

選択肢の訳　**1** 人々は熱い川での入浴を楽しめる。　**2** 国内の全ての火山が活動中である。　**3** 氷が国の半分近くを覆っている。　**4** 火山のせいで火事が多い。

ポイント　3文目より，アイスランドでは活火山による熱で，川の温泉に入れる。

No.23　正解　3

放送文　Tony often rises late. He sets three alarm clocks every morning, but he often sleeps through them or stops them without even realizing it. Tomorrow, he has to get up very early for an important meeting. As he was worried that he would oversleep, he asked his friend to call him at five tomorrow morning.

Question: What did Tony do today?

全訳　トニーはよく朝寝坊をする。彼は毎朝3つの目覚まし時計をセットするが，しばしば気付かなかったり，無意識のうちに止めたりしてしまう。明日，彼は重要な会議のためにとても早く起きなければならない。寝坊するのではないかと心配だったので，彼は友人に，明日の朝5時に電話するように頼んだ。

質問の訳　トニーは今日何をしましたか。

選択肢の訳　**1** 彼は重要な会議に遅刻した。　**2** 彼は明日の会議に備えて目覚まし時計を3つ買った。　**3** 彼は友人に明日，彼を起こすように頼んだ。　**4** 彼は彼の友人の家に泊まった。

ポイント　4文目より，友人に朝5時に電話をして起こすように頼んだ。

No.24　正解　2

放送文　One day, Oscar told his parents that he wanted to become a pilot in the future. The reason is that he has liked to see airplanes since he was a child. His father, who's a train driver, was a little disappointed about that, as he wanted Oscar to get the same job as himself. On the other hand, his mother hoped Oscar's dream would come true.

Question: What did Oscar's mother think about Oscar's dream?

全訳　ある日オスカーは，両親に将来パイロットになりたいと言った。その理由は，子供の頃から飛行機を見るのが好きだからだ。彼の父親は電車の運転士で，オスカーに自分と同じ仕事をしてほしいと思っていたので，そのことに少しがっかりした。一方彼の母親は，オスカーの夢が叶うことを願った。

質問の訳　オスカーの母親は，オスカーの夢についてどう思いましたか。

選択肢の訳　**1** 彼女は，彼はよい電車の運転手になるだろうと思った。　**2** 彼女は，彼に望み通りパイロットになってほしいと思った。　**3** 彼女は，彼は夢を実現することができないだろうと思った。　**4** 彼女は，彼の選択にがっかりした。

ポイント　4文目より，母親はオスカーの夢が叶うよう願ったことがわかる。

No.25　**正解**　**4**

放送文　This morning, Selena told Brian that she would get to Forest Station at 3:30, but she was mistaken about the train time. It's Saturday today, so she'll get to the station at 4:00. She didn't want to make him wait at the station. She called Brian, but he didn't answer the phone. She left a message and hopes he will hear the message before leaving home.

Question: Why did Selena call Brian?

全訳　今朝，セレナはブライアンに3時30分にフォレスト駅に着くと言ったが，彼女は電車の時間を間違えていた。今日は土曜日なので，駅には4時に着く。彼女は彼を駅で待たせたくなかった。彼女はブライアンに電話をしたが，彼は出なかった。彼女は伝言を残し，彼が家を出る前に伝言を聞いてほしいと思っている。

質問の訳　セレナはなぜブライアンに電話をしましたか。

選択肢の訳　**1** 彼女はフォレスト駅行きの電車に乗り遅れた。　**2** 彼女は今日，ブライアンに会うことができない。　**3** 彼女はブライアンに会う日を変更したい。
4 彼女は言っていたよりも遅く駅に着く。

ポイント　1～2文目より，セレナはブライアンに伝えた時刻より30分遅く駅に着く。

No.26　**正解**　**2**

放送文　Last night, Miguel was busy with his math homework. He gave up watching his favorite TV drama and worked hard. As a result, he was able to finish it earlier than he had expected. Feeling relieved, he went to bed. Soon, however, he was awakened by a loud noise. His neighbor had started a party. After all, he couldn't get any sleep until morning.

Question: Why couldn't Miguel sleep last night?

全訳　昨夜，ミゲルは数学の宿題をするのに忙しかった。大好きなテレビドラマを見るのも諦め，一生懸命に取り組んだ。その結果，予想していたよりも早く終えることができた。彼はほっとして床についた。しかし間もなく，彼は大きな音で目を覚ました。

隣人がパーティーを始めていたのだ。結局，朝まで眠ることができなかった。

質問の訳 なぜミゲルは昨夜，眠れなかったのですか。

選択肢の訳 **1** 彼は数学の宿題を終わらせられなかった。 **2** 彼は隣人の騒音に悩まされた。 **3** 彼は夜遅くまでテレビを見た。 **4** 彼は隣人とパーティーをした。

ポイント 5～7文目より，隣人が騒いでうるさかったので眠れなかった。

No.27 **正解** **3**

放送文 Attention, all staff of Georgeville Computer. A few windows in the cafeteria were broken by a fallen tree due to the strong typhoon last night. We have already arranged to replace them, but it may take a little time. Because of this, the cafeteria isn't available during lunch time today. We're sorry for the inconvenience.

Question: What is one thing that the announcement says?

全訳 ジョージビル・コンピューターのスタッフのみなさんにお知らせします。昨夜の強い台風による倒木で，カフェテリアの窓が数枚割れました。すでに取りかえの手配は済んでいますが，少し時間がかかる見込みです。このため，今日のランチタイムはカフェテリアを利用することができません。ご不便をおかけして申し訳ありません。

質問の訳 アナウンスされていることの1つは何ですか。

選択肢の訳 **1** 今夜，強い台風が来る。 **2** 会社のだれかが窓を割った。 **3** 今日，スタッフはカフェテリアで昼食を食べることができない。 **4** 今日，カフェテリアはランチのためにのみ開く。

ポイント 4文目より，今日のランチタイムはカフェテリアを利用できない。

No.28 **正解** **1**

放送文 Pooja studies Japanese at college. She's good at speaking it and has some Japanese friends, too. Last week, she found out about her college's study abroad program. She wants to study in Japan, but she hasn't told her parents yet. She's afraid that they will miss her too much. Her brother said they would understand if she tells them her true feelings.

Question: What is Pooja worried about?

全訳 プージャは大学で日本語を勉強している。彼女はそれを話すのが得意で，日本人の友人も何人かいる。先週，彼女は大学の留学プログラムについて知った。彼女は日本で勉強したいと思っているが，まだ両親に言っていない。彼女は自分がいないと彼らがあまりに寂しがるのではないかと心配しているのだ。彼女の兄[弟]は，正直な気持ちを伝えれば2人は理解してくれるだろうと言った。

質問の訳 プージャは何を心配していますか。

選択肢の訳 **1** 両親は彼女がいなくて悲しむかもしれない。 **2** 彼女の日本語は人々に理解されないかもしれない。 **3** 彼女は兄[弟]にとても寂しい思いをさせるかもしれない。 **4** 彼女は両親の気持ちを理解できないかもしれない。

ポイント 5文目より，日本に行くと両親が寂しがるのではないかと心配している。

放送文 In Singapore, robots have been introduced in various places. At the international airport, the national museum, and several shopping malls, many cleaning robots and delivery robots developed by domestic and foreign manufacturers are working. At Changi General Hospital, more than 50 robots do a variety of jobs. They carry medical records, clean the hospital, and surprisingly, they even support doctors.

Question: What is one thing that we learn about robots in Singapore?

全訳 シンガポールでは，様々な場所でロボットが導入されている。国際空港，国立博物館，そして複数のショッピングモールで，国内外のメーカーが開発した多くの清掃ロボットや配達ロボットが働いている。チャンギ総合病院では，50台以上のロボットが様々な仕事をしている。ロボットはカルテを運んだり，院内を清掃したり，そして驚くべきことに，医師のサポートさえしている。

質問の訳 シンガポールのロボットについて私たちがわかることの１つは何ですか。

選択肢の訳 **1** シンガポール全土に，働くロボットが約50台存在する。 **2** 中には医師の手伝いをするものもある。 **3** その全てがシンガポールで製造されている。 **4** 間もなく国際空港で導入される予定である。

ポイント ４文目より，医師のサポートをするロボットもある。

No.30 正解 1

放送文 Patricia loves fried food. She often stops by a fast-food restaurant on her way home from work and gets her favorite fried chicken. One day, however, she was told by her doctor to lose weight. She tried to eat fewer fried foods, but she didn't lose weight. Finally, she decided to start working out at a gym from next week.

Question: What will Patricia do next week?

全訳 パトリシアは揚げ物が大好きである。彼女はよく会社の帰りにファストフード店に寄って，お気に入りのフライドチキンを買う。しかしある日，彼女は医者に減量するように言われた。揚げ物を食べるのを減らすようにしたが，体重は減らなかった。ついに，彼女は来週から，ジムで運動を始めることを決意した。

質問の訳 パトリシアは来週何をしますか。

選択肢の訳 **1** 彼女は運動を始める。 **2** 彼女はまた医者に診てもらう。 **3** 彼女はフライドチキンを食べるのをやめる。 **4** 彼女は食べる量を減らす。

ポイント ５文目より，パトリシアはジムで運動を始めることにした。

予想模試 第2回

解　答　欄

問題番号	1	2	3	4
(1)	①	②	③	●
(2)	①	②	●	④
(3)	①	●	③	④
(4)	①	②	●	④
(5)	●	②	③	④
(6)	①	②	③	●
(7)	①	②	●	④
(8)	●	②	③	④
(9)	①	②	●	④
(10)	①	②	●	④
(11)	①	●	③	④
(12)	①	●	③	④
(13)	①	②	③	●
(14)	●	②	③	④
(15)	①	②	●	④
(16)	①	②	●	④
(17)	●	②	③	④
(18)	①	●	③	④
(19)	①	②	●	④
(20)	①	②	●	④

（左の「1」は問題番号1）

解　答　欄

問題番号	1	2	3	4
(21)	①	●	③	④
(22)	①	②	③	●
(23)	①	②	●	④
(24)	●	②	③	④
(25)	①	②	●	④
(26)	①	②	●	④
(27)	●	②	③	④
(28)	①	②	●	④
(29)	①	②	●	④
(30)	①	②	●	④
(31)	①	②	③	●
(32)	●	②	③	④
(33)	①	②	●	④
(34)	①	②	③	●
(35)	●	②	③	④
(36)	①	②	●	④
(37)	①	●	③	④

（2は21〜25、3は26〜30、4は31〜37）

⑤ の解答例は
p.179をご覧
ください。

リスニング解答欄

問題番号	1	2	3	4
例題	①	②	●	
No. 1	①	●	③	
No. 2	●	②	③	
No. 3	①	②	●	
No. 4	●	②	③	
No. 5	①	②	●	
No. 6	①	②	●	
No. 7	●	②	③	
No. 8	①	②	●	
No. 9	①	②	●	
No. 10	●	②	③	
No. 11	①	②	●	④
No. 12	●	②	③	④
No. 13	①	●	③	④
No. 14	①	②	③	●
No. 15	①	●	③	④
No. 16	①	②	③	●
No. 17	●	②	③	④
No. 18	①	②	●	④
No. 19	①	②	●	④
No. 20	①	②	③	●
No. 21	●	②	③	④
No. 22	①	②	●	④
No. 23	①	●	③	④
No. 24	①	②	③	●
No. 25	①	②	●	④
No. 26	①	②	●	④
No. 27	●	②	③	④
No. 28	①	②	●	④
No. 29	①	②	③	●
No. 30	①	②	●	④

（第1部 No.1〜No.10、第2部 No.11〜No.20、第3部 No.21〜No.30）

［ 解答例とポイント ］

※筆記1では，選択肢が動詞の場合は訳を原形で示してあります。

(1) 【正解】 4

全訳 ダニエルはホテルチェーンを経営しており，10年前に事業を海外に拡大した。当初はうまく行かなかったが，最近は大きな成功を収めている。

選択肢の訳 1 克服する 2 購入する 3 収集する 4 収める

ポイント it has ( ) great success「それ（＝ダニエルの事業）は大きな成功を（ ）」の空所に入れて意味が通るのはachievedのみ。

(2) 【正解】 3

全訳 A：明日の朝，海へ釣りに行くつもりなんだ B：冗談でしょ？ 台風のせいで波がとても高いに違いないわ。

選択肢の訳 1 岩 2 生き物 3 波 4 注意

ポイント 台風が来るのに釣りに行くというAに対して，BはAre you kidding?と呆れていると考えられるので，台風によって起こる釣りには不向きな状況を考える。

(3) 【正解】 2

全訳 あるロボットメーカーが新しい農業用ロボットを開発した。発表イベントでは，開発チームのリーダーであるジョセフが，どのように果物を収穫するかを実演する予定である。

選択肢の訳 1 言い訳をする 2 実演する 3 行動する 4 競争する

ポイント 空所直後のhow it harvests fruitより，新作ロボットの発表イベントですることを推測する。

(4) 【正解】 3

全訳 A：マーティン，おなかがすいてきたわ。この近くでお昼を食べたいわ。
B：この辺りには店すらほとんどないよ。バスで駅まで行こう。

選択肢の訳 1 概して 2 不幸にも 3 ほとんど～ない 4 もう少しで

ポイント BがLet's go to the station by bus.と言っていることから，Bはレストランはおろか店すらほとんどないと考えているとわかる。hardlyは否定の意味を作る副詞。

(5) 【正解】 1

全訳 昨日，アダムのめいは犬のロッキーに初めて会った。大きな黒い犬を見て，彼女は最初おびえたが，ロッキーがとても人懐っこいとわかったので，彼らはすぐに仲良しになった。

選択肢の訳 1 おびえた 2 退屈した 3 喜んで 4 正直な

ポイント ロッキーが大きな黒い犬であること，空所を含む文の後半にbut soon they became good friendsとあることから，最初はおびえたと推測できる。

(6) 【正解】 4

全訳 A：ジェシカ, あなたは日本の文房具を集めるのが趣味なんだって？　B：そうよ。見て。これは昨日買った消しゴムよ。形がユニークでしょ？

選択肢の訳 **1** お菓子　**2** 服　**3** 家具　**4** 文房具

ポイント 「消しゴム」はstationery「文房具」の一つ。

(7) 【正解】 4

全訳 ジャスティンとレイチェルは2人とも, 2度目の司法試験への挑戦に失敗した。彼らは互いに励まし合い, 3度目の挑戦に向けて一生懸命勉強を続けることを決意した。

選択肢の訳 **1** 分ける　**2** 不満を言う　**3** 交換する　**4** 励ます

ポイント 司法試験に不合格となった2人が, decided to keep studying hard for their third tryと前向きになっていることから推測する。

(8) 【正解】 1

全訳 A：新しい学校で友達ができるか心配なんだ。　B：勇気を出してクラスメイトに話しかければ, 大丈夫だよ。

選択肢の訳 **1** 勇気　**2** 印象　**3** 目的　**4** 装置

ポイント 友達ができるか心配しているAに対し, どのようにしてクラスメイトに話しかけるよう言っているかを考える。

(9) 【正解】 3

全訳 先週の日曜日, トーマスは山へバードウォッチングに出かけ, 木にとまっている珍しい鳥を見つけた。しかし, 彼がカメラを取り出した瞬間, それは見えなくなった。

選択肢の訳 **1** （音が）大きな　**2** 十分な　**3** 目に見えない　**4** まれな

ポイント 空所を含む文がHoweverで始まっていることから, 写真が撮れなくなったと推測できる。

(10) 【正解】 3

全訳 A：このかばんの修理には時間がかかりますか。　一番のお気に入りなんです。B：いいえ, お客様。2日以内に修理できます。

選択肢の訳 **1** 〜の上に　**2** 〜のために　**3** 〜以内に　**4** 〜を超えて

ポイント 空所の直後がtwo daysなので, withinを入れて「2日以内に」とすると意味が通る。

(11) 【正解】 2

全訳 A：ねぇ, チャールズとヴィクトリアの馴れ初めは何だったの？　B：そうだな, 同僚の結婚式で会ったんだ。彼の一目ぼれだったよ。

選択肢の訳 **1** 手　**2** 見ること　**3** 時間　**4** 目標

ポイント at first sight「ひと目見て」を入れると意味が通る。at first hand「直接に」。

(12) **正解** 2

全訳 A：トムに極端なダイエットをするべきではないと何度も言っているんだけど，私の言うことを絶対に聞いてくれないの。　B：彼に何を言っても無駄よ。頑固だから。

選択肢の訳 **1** 価値　**2** 使用　**3** 理論　**4** 技術

ポイント It is no use 〜ing. で「〜しても無駄である」という意味。

(13) **正解** 4

全訳 デイジーには5歳のやんちゃな双子，ビルとジミーがいる。彼らはおもちゃで遊んだあと，絶対に片付けないので，彼女は彼らに，もう新しいおもちゃを買ってあげないよと言った。

選択肢の訳 **1** 〜を脱ぐ　**2** 〜を捜す　**3** 〜を克服する　**4** 〜を片付ける

ポイント なぜ母親（Daisy）が息子たちに怒っているのかを考える。

(14) **正解** 1

全訳 A：ネルソンさんが君に彼の会社に来てほしいって言ったんだろ？　B：ええ。仕事の内容は魅力的なんだけど，給料が安すぎるので，そのオファーは断るつもりよ。

選択肢の訳 **1** 〜を断る　**2** 〜に出くわす　**3** 〜に押し入る　**4** 〜を求める

ポイント Bがthe pay is too lowと言っていることから，Mr. Nelsonのオファーをどうするつもりかを推測する。

(15) **正解** 3

全訳 先週の日曜日，キムは家族と京都へ行った。家を出たときには雨が降っていたが，彼が到着するとすぐに，空が晴れた。

ポイント upon[on] 〜ingで「〜するとすぐに」という意味。

(16) **正解** 4

全訳 昨日，会社の会議で，アンジェラはライバル企業に勝つための新たな事業プランを提案した。彼女は，できるだけ早くそれを実行に移すべきだと主張した。

ポイント put 〜 into practiceで「〜を実行する，実現する」という意味。

(17) **正解** 1

全訳 ジョージは事業で成功を収め，富を築いた。それにも関わらず，彼は孤独にさいなまれ，決して幸せではない。

選択肢の訳 **1** 決して〜ない　**2** 概して　**3** 実際に　**4** どんな犠牲を払っても

ポイント 空所を含む文がNeverthelessで始まっていることから，幸せではないと推測できる。by no meansは否定の意味を持つ熟語。

(18) **正解** 2

全訳 A：ブライアンに，来月ロンドンを発つって言えなかったわ。　B：気持ちはわかるよ，カナ。もし彼に言っていたら，悲しんだだろうし。

ポイント　文の後半より，仮定法過去完了の文とわかる。if節は〈had ＋過去分詞〉。

(19)　**正解**　**3**
全訳　A：ねえ，マギーに私があなたと結婚するって言ったら，彼女は私が冗談を言っているんだと思ったわ。　B：あはは。彼女がそう思うのはもっともだよ。君はぼくに全く興味がなさそうだったからね。
ポイント　Maggyが2人の結婚に驚いていることから，may well「〜するのももっともだ」を入れると会話が成り立つ。

(20)　**正解**　**3**
全訳　A：ケンジ，私はこの日本の歌が好きなの。歌詞の意味はわからないけど，素敵だわ。　B：日本の古い歌だよ。たくさんの人々に歌われているんだ。
ポイント　受動態の現在完了の文は〈have[has] been ＋過去分詞〉で表す。

筆記2
(21)　**正解**　**2**
全訳　A：お母さん，財布をどこかに置き忘れたみたいなの。　B：あら，まあ。今朝から何をしたか思い出してごらんなさい。　A：ええと，まず図書館に行って，それから本屋，そしてマヤの家で昼ご飯を食べて，それから…　B：じゃあ，まずマヤに電話をして聞いてみるのがいいかもね。
選択肢の訳　**1**　なぜそんなに忘れ物が多いのか　**2**　今朝から何をしたか　**3**　その財布をどこで買ったか　**4**　いつ家に戻ったか
ポイント　2巡目でAが今日これまでにしたことを話していることから推測する。

(22)　**正解**　**4**
全訳　A：ダイアンズ・ステーキにようこそ。お二人様ですか。　B：はい。眺めの良い席がいいのですが。　A：かしこまりました。角の席はいかがでしょうか？　美しい庭が見えますよ。　B：すばらしい！　どうもありがとう。
選択肢の訳　**1**　スペシャル・ステーキ・セットを2つ注文する　**2**　料理を持ち帰る　**3**　2階の席　**4**　眺めの良い席
ポイント　2巡目でA（＝レストランの店員）が，席から見える美しい庭について説明していることから，眺めの良い席を希望していると推測できる。

(23)　**正解**　**3**
全訳　A：ねえ，アナ。ケビンの誕生日に何をあげるかもう決めた？　B：有名なシェフの料理本をあげようと思っているわ。　A：それはいいね。彼は料理が大好きだから，気に入るだろうね。　B：ええ。実は，彼がその本に載っているレシピを試して，私のために夕食を作ってくれたらいいなと思っているの。
選択肢の訳　**1**　人気の店でチョコレートを買う　**2**　おいしいバースデーケーキを焼く　**3**　有名なシェフの料理本をあげる　**4**　彼にかわいいエプロンを作る

(24) (25) 　**全訳**

A：おはようございます。フロント・デスクでございます。どうされましたか。　B：もしもし。今日チェックアウトするのですが，1時まで部屋を使いたいんです。大丈夫でしょうか。　A：確認いたします…。はい，大丈夫ですが追加料金がかかります。　B：構いません。いくらかかりますか。　A：20ドルです。　B：わかりました。それからもう1つお願いしたいのですが。1時半にタクシーを呼んでもらえますか。　A：かしこまりました。どちらまででしょう？　B：セントラル空港までです。5時の飛行機に乗ります。

(24) 　**正解** 　**1**

選択肢の訳 　**1** 　1時まで部屋を使う 　**2** 　今すぐ精算する 　**3** 　私に空港への行き方を教える 　**4** 　私にこの市の地図を見せる

ポイント 　ホテルでの会話。1巡目でB（＝客）が，今日チェックアウトすると言った後でbutでつないでいること，2巡目でA（＝フロント）が，追加料金がかかると言っていることから，Bは時間を延長して宿に滞在しようとしていると推測できる。

(25) 　**正解** 　**3**

選択肢の訳 　**1** 　国際電話のかけ方を教える 　**2** 　砂糖とミルク入りのコーヒーを持ってくる 　**3** 　1時半に出発するのにタクシーを呼ぶ 　**4** 　市のバスツアーを手配する

ポイント 　4巡目でAが行先をたずね，Bが空港と答えていることから，タクシーを呼んでほしいと頼んでいると推測できる。

筆記3[A]

全訳 　海外へ引っ越す

　ある日，サラの父親は，転勤で3年間インドに行くので，サラと母親に一緒に行ってほしいと言った。サラの母親は引っ越しについて不安でいっぱいだった。それに対してサラは，新しいことを経験するのが大好きなのでとてもわくわくして，見知らぬ国での生活に思いを馳せた。すぐに，彼女は未来の隣人やクラスメイトと仲良くなるために，ヒンディ語を習い始めた。

　4月，サラは両親と一緒にインドに向けて出発した。そこは真夏で，彼女が予想していたよりもずっと暑かった。間もなく，サラも母親も高熱に悩まされるようになった。サラはこんな暑い国に連れてきたと，父親に不平を言った。しかし，彼女はすぐに自分が間違っていたことに気づいた。彼らが病気で寝込んでいることを知って，隣人たちが彼らを訪ね，あれこれ世話を焼いてくれたのだ。彼らのお陰で，2人はすぐに良くなった。今，サラにはたくさんの良い友達がおり，こんなに暑いけれども素晴らしい国に彼女を連れてきてくれたことを，父親に感謝している。

予想模試・第2回

(26)　**正解**　**4**

選択肢の訳　**1**　彼が仕事を辞めてしまったことに怒った　**2**　海外で暮らすことにとても興味を持った　**3**　見知らぬ国で暮らすことに乗り気だった　**4**　引っ越しについて不安でいっぱいだった

ポイント　空所の直後の文がContrary to 〜「〜に対して」で始まり，サラはインドへ行くことを楽しみにしている様子が述べられているので，母親はインドに住むことが乗り気でなかったと推測できる。

(27)　**正解**　**1**

選択肢の訳　**1**　病気で寝込んでいた　**2**　インドをとても気に入った　**3**　インド人の友達をほしがっていた　**4**　インドの気候に慣れた

ポイント　隣人たちがどのようなことを知ってサラたちを訪ねて世話をしてくれたのかを考える。

筆記3[B]

全訳　デジタルデトックス

　今日，人々はますます多くの時間を，デジタル機器を利用することに費やしている。学校にはタブレットがあり，ほとんどの人の手にはスマートフォンがある。多くの人々がスマートフォンを1日におよそ3時間使っているという報告もある。デジタル機器は日常生活に欠かせないものであるが，様々な問題を引き起こしているのも事実である。例えば，睡眠が妨げられるので，健康に深刻な影響が及ぶ可能性がある。また，仕事や勉強に集中する能力も低下する。

　デジタル機器の使いすぎによる悪影響が問題視されていることから，デジタルデトックスが注目されている。デジタルデトックスとは，デジタル機器に費やす時間を減らす期間のことだ。最も人気のある方法の1つは，キャンプに行くことである。自然の中で時間を過ごすことで，ストレスを軽減し，五感を研ぎ澄ますことができる。また，デジタル機器を介さずに，他の人と直接コミュニケーションを取る機会も提供してくれる。

　一方，デジタルデトックスはほとんど意味がないと主張する人もいる。ある調査によると，デジタル機器から少しの間離れても，人々の幸福度に良い効果がもたらされることはなかった。また，デジタルデトックスは人々のコミュニケーション能力を低下させさえすることも示した。デジタルデトックスを行う個人的な動機が大きな役割を果たしているため，この理論は正しいのかもしれない。ある人がデジタルデトックスを楽しんでみようとすれば，その人は充実した時間を過ごすことができるだろう。一方，その効果を信じていない人にとっては，デジタルデトックスは苦痛な経験でしかないだろう。

(28)　**正解**　**2**

選択肢の訳　**1**　それらは様々な役割も持つ　**2**　それらは様々な問題を引き起こす　**3**　それらは多くの人々がそれらを避けようとする　**4**　それらは企業に大きな利益を与える

ポイント　空所を含む文の直後で，デジタル機器がもたらす悪影響の例を挙げているこ

とから推測する。

(29) 【正解】 3
【選択肢の訳】 **1** たくさんのお金を稼ぐ **2** 屋内の活動を楽しむ **3** 自然の中で時間を過ごす **4** 1人でスマートフォンを使う
【ポイント】 デジタルデトックスの方法として，キャンプを挙げていることから推測する。

(30) 【正解】 3
【選択肢の訳】 **1** 従来の方法を好む **2** それにより利益を得る **3** その効果を信じない **4** デジタル機器を決して使わない
【ポイント】 デジタルデトックスを苦痛にしか感じないのはどのような人かを考える。

筆記4[A]
【全訳】
差出人：アン・プライス <a-price@greenvillenursinghome.com>
宛先：タクロウ・ネルソン <tn0505@skymail.com>
日付：10月5日
件名：ありがとうございました。
親愛なるネルソンさん，
グリーンビル介護施設のアン・プライスです。先週の日曜日は，当介護施設の入居者のためにご尽力くださり，ありがとうございました。皆さん，あなたの大学の若いボランティアの方々とのコミュニケーションを楽しまれていました。あなたがたと庭を散歩したり，あなたがたが歌った昔の歌を聞いたりして，とても喜ばれていました。彼らはあなたがたととても楽しく過ごしたことと思います。彼らの笑顔が忘れられません。
特に，折り鶴を作ることが気に入られたようでした。あなたが入居者に折り紙を教えたいとおっしゃったとき，私は絶対に彼らは楽しまれるだろうと思いました。そして私の予想は的中しました。彼らの多くが他の動物を作るためにもっと折り紙を学びたがっています。きっと異なる文化に触れることは彼らにとって刺激的で楽しいことだったのでしょう。
入居者の中には，あなたがたにお礼の手紙を書いた方もいます。実は，あなたがたが次はいついらっしゃるのかと，たずね続けていらっしゃいます。正直に申しますと毎週末に来ていただきたいのですが，難しいことはわかっております。代わりに，毎月第一・第三日曜日に会いに来ていただけないでしょうか。他のメンバーの方々とどうかご検討ください。よいお返事をいただければ幸いです。
敬具
アン・プライス

(31) 【正解】 4
【質問の訳】 若者たちはグリーンビル介護施設で何をしましたか。
【選択肢の訳】 **1** 彼らは入居者たちとボランティアの仕事をした。 **2** 彼らは介護施設

の周りを散歩した。 **3** 彼らは自分たちの笑顔で入居者たちを喜ばせた。 **4** 彼らは入居者たちのために歌を歌った。

ポイント 本文第1段落第4文から，入居者たちが大学の若いボランティアたちが歌った昔の歌を聞いて喜んだことがわかる。

(32) 正解 **1**
質問の訳 介護施設の多くの入居者は
選択肢の訳 **1** 紙で他の動物を作りたがっている。 **2** さらに多くの折り鶴を作っている。 **3** 月に二回ボランティアとして働いている。 **4** 自分たち自身の文化について学ぶだろう。
ポイント 本文第2段落第4文目より，施設の多くの入居者が鶴以外の動物を折り紙で作りたいと思っている。

(33) 正解 **3**
質問の訳 アンはボランティアに何をしてほしいと頼んでいますか。
選択肢の訳 **1** 入居者に手紙を書く。 **2** 毎週末スタッフの手伝いをする。 **3** 月2回入居者のためにボランティアで働く。 **4** 介護施設にもっと多くのメンバーを送る。
ポイント 本文第3段落4文目より，毎月第一・第三日曜日に訪問してほしいと言っている。

筆記4[B]
全訳 保存食

保存食品とは，長期間放置しても食べられる食品である。食品は，乾燥，燻製，塩漬けなどの様々な方法で保存される。日本で最も人気のある保存食品の1つは漬物で，奈良時代に初めて文字の記録に現れた。その記録によると，漬物にはさまざまな野菜，野草，さらには果物までもが使われていたと言う。江戸時代まではとても貴重で高価なため，高貴な人しか食べることできなかった。

もう1つの人気のある日本の保存食は梅干である。平安時代から食べられていると言われている。当時，梅干は薬として食され，あらゆる病気を治すと信じられていた。近年では，多くの人々が塩分の取りすぎは高血圧や脳出血の原因になると考えているため，漬物と梅干に使用される塩分が少ない傾向がある。その結果，減塩の漬物や梅干は冷蔵庫で保管する必要がある。

世界にもいろいろな保存食がある。チューニョは，ボリビアやペルーで伝統的に作られている冷凍乾燥ジャガイモである。標高の高い場所で地面に並べられたジャガイモは，夜は寒さで凍りつき，日中は太陽によって乾燥する。水分がなくなるまで同じことが繰り返される。チューニョは最長5年間保存できるため，不作のときに人々の役に立つ。

もう1つのユニークな保存食品は，イヌイットの人々がグリーンランドで食べる伝統的な料理，キビヤックだ。キビヤックを作る上で最も重要なものは，死んだアザラシである。イヌイットはアザラシの肉と内臓を全て取り除き，数十羽から数百羽の死んだ海鳥をその中に入れる。アザラシが海鳥でいっぱいになると，彼らはそれを縫って完全に閉じる。その後は，3か月から1年以上岩の下に放っておくだけである。キビヤックは

イヌイットの人々にとって特別な料理である。

(34) 　**正解**　4

質問の訳　江戸時代以前の漬物について正しいのはどれですか。

選択肢の訳　**1**　ほんの数種類の野菜のみが漬物に使われた。　**2**　人々はより健康になるために進んで食べた。　**3**　国中に広まり,日本人の食卓に欠かせないものとなった。　**4**　上流階級の人々のみがそれを食べた。

ポイント　第1段落最終文より,江戸時代までは,漬物を食べていたのは高貴な人々のみだった。

(35) 　**正解**　1

質問の訳　近年,多くの人々が

選択肢の訳　**1**　塩分の多い食品はある種の病気をもたらすと考えている。　**2**　梅干は冷やして食べた方がおいしいと思っている。　**3**　梅干は健康のためにあまり良くないと思っている。　**4**　梅干は高血圧を治すと思っている。

ポイント　第2段落4文目後半から,最近では,塩分の取りすぎが高血圧や脳出血の原因となると考えている人が多いことがわかる。

(36) 　**正解**　3

質問の訳　チューニョを作るのに大切なことは何ですか。

選択肢の訳　**1**　寒い冬の間に作らなければならない。　**2**　ジャガイモを洗う水はとても冷たくなければならない。　**3**　ジャガイモを完全に乾燥しなければならない。　**4**　夜間,ジャガイモを冷蔵庫に入れなければならない。

ポイント　第3段落3～4文目より,冷凍と乾燥を繰り返し,ジャガイモの水分を完全になくすことが大切。

(37) 　**正解**　2

質問の訳　イヌイットはキビヤックを作るために何をしますか。

選択肢の訳　**1**　彼らは数十羽から数百羽の海鳥を食べたアザラシを殺す。　**2**　彼らは死んだアザラシにたくさんの海鳥を詰める。　**3**　彼らは海鳥の肉とアザラシの内臓を混ぜる。　**4**　彼らはアザラシの肉を海鳥の腹に入れる。

ポイント　第4段落3文目より,キビヤックとは,肉や内臓を取り除いたアザラシの中に,海鳥を詰めて作る保存食である。

筆記5

QUESTION の訳　あなたは,動物園で暮らすのは,動物にとって良いと思いますか。

解答例1　Yes, I do. I have two reasons to think so. Firstly, animals in zoos are given enough food and water. Therefore, they don't have to go hunting and spend time and effort trying to find food. Secondly, they don't have to worry about being attacked by their enemies. As a result, they can live longer. (55語)

はい，思います。そう思うには２つの理由があります。第一に，動物園の動物は，十分な食事と水を与えられます。そのため，彼らは狩りに出かける必要も，食べ物を見つけるのに時間と労力を費やす必要もありません。第二に，彼らは敵に襲われることを心配する必要がありません。その結果，彼らはより長生きすることができます。

解答例2 No, I don't. There are two reasons. First, unlike wild animals, those in zoos are watched by many people. This can be very stressful for animals. Second, in zoos, animals are usually kept in cages and can't move around freely like those living in nature can. This means that they don't have their basic rights. (55語)

解答例の訳 いいえ，思いません。２つの理由があります。第一に，野生動物とは違い，動物園の動物は多くの人々に見られます。これは動物にとって，とてもストレスになり得ます。第二に，動物園では，動物はたいていおりに入れられ，自然で暮らしている動物のように，自由に動き回ることができません。これは，彼らには基本的な権利がないということを意味します。

ポイント 設問文に応じてまずYesの立場かNoの立場かを述べてから，２つの理由を述べる。

リスニング・第1部 CD 66 ～ CD 75

No.1 正解 2

放送文 *A:* It's really hot today. *B:* We should stop playing tennis and move to the shade. *A:* Yes. I'll get drinks at the vending machine over there. What do you want?

1 Oh, I'm not hungry. **2** Something that isn't sweet. **3** I'll bring it right away.

全訳 Ａ：今日は本当に暑いね。 Ｂ：もうテニスをするのをやめて，日陰に移動すべきね。 Ａ：そうだね。あそこの自動販売機で飲み物を買ってくるよ。何がいい？

選択肢の訳 **1** ああ，私はお腹がすいていないの。 **2** 何か甘くないものを。
3 すぐに持ってくるわね。

ポイント 飲み物を買いに行こうとしているＡが，何がほしいかたずねている。

No.2 正解 1

放送文 *A:* Welcome to Brown's Fruits. May I help you? *B:* I want to make an apple pie. Which do you recommend? *A:* Rose apples are the best for making pies. They're hard and a little sour.

1 OK, let me have four of them. **2** Oh, I want some more pies. **3** Well, one more, please.

全訳 Ａ：ブラウンズ・フルーツへようこそ。ご用件をうかがいましょうか。
Ｂ：アップルパイを作りたいんです。どれがお勧めですか？ Ａ：パイを作るにはローズ・アップルが最適です。硬くて少し酸っぱいです。

選択肢の訳 **1** そうですか，それを４つください。 **2** ああ，私はパイがもっとほしいです。 **3** ええと，もう１つください。

ポイント 果物店での会話。Ａ（＝店員）がＢ（＝客）に，パイに向いているリンゴを勧

めている。

No.3 　正解　3

放送文　*A:* Hello, Dr. Dixon.　I'm sorry to be late.　*B:* No problem, Ms. Lewis.
How do you feel now?　*A:* A little better.　But I still feel a dull pain in my stomach.
1　That's good.　Take care.　**2**　Oh, no.　You're late again.　**3**　I see.　Let's try
another medicine.

全訳　A：こんにちは，ディクソン先生。遅れてすみません。　B：大丈夫ですよ，
ルイスさん。具合はいかがですか？　A：少し良いです。でもまだお腹に鈍い痛みがあ
ります。

選択肢の訳　**1**　それはよかった。お大事に。　**2**　おや，まあ。また遅刻ですか。
3　わかりました。別の薬を試しましょう。

ポイント　病院での会話。A（＝患者）はB（＝医師）に腹痛が治まらないと訴えている。

No.4 　正解　1

放送文　*A:* Hello, Susan.　I think I'm near your house, but it seems that I got lost.
B: Oh, Terry, I'm sorry.　Tell me where you are.　*A:* Well …, I'm in front of Pine's
Bookstore.　I can see a stadium.
1　Got it.　Wait for me there.　**2**　OK.　Let me invite you to dinner.　**3**　Good.　I
love reading.

全訳　A：もしもし，スーザン。君の家の近くにいると思うのだけど，迷ったみたい。
B：あら，テリー，それは気の毒に。どこにいるか教えて。　A：ええと…，パインズ
書店の前にいるよ。スタジアムが見える。

選択肢の訳　**1**　わかった。そこで待ってて。　**2**　わかった。夕食に招待させて。
3　いいわね。私は読書が大好きなの。

ポイント　電話での会話。道に迷ったというA（＝Terry）が，現在地を説明している。

No.5 　正解　3

放送文　*A:* Hi, did you see Ann?　I have something to tell her.　*B:* When I saw her
about an hour ago, she was reading a book at the library.　*A:* Really?　Then I'll go
there to check.
1　You can look it up in my dictionary.　**2**　I have no idea where it is.　**3**　I hope
she's still there.

全訳　A：ねえ，アンを見た？　ちょっと話があるの。　B：1時間ほど前に見たときは，
図書館で本を読んでいたよ。　A：本当に？　じゃあ行って見てみるわ。

選択肢の訳　**1**　ぼくの辞書で調べたらいいよ。　**2**　それがどこにあるかわからないよ。
3　彼女がまだそこにいるといいね。

ポイント　探している人物が図書館にいたと聞いたAが，行って確認してみると言っている。

No.6 正解 **3**

放送文 *A:* Hello. What would you like to have? *B:* I'll have the combo A with a large orange juice. I'd like this small salad, too. *A:* All right. Would you like anything else?

1 Well, how much is it? **2** OK. I'll pay with cash. **3** No, thank you. That's enough.

全訳 A：いらっしゃいませ。何になさいますか。 B：AセットをオレンジジュースのLでお願いします。この小サイズのサラダもお願いします。 A：かしこまりました。他に何かいかがでしょうか。

選択肢の訳 **1** ええと，おいくらですか。 **2** わかりました。現金で払います。
3 いいえ，結構です。それで十分です。

ポイント ファストフード店での会話。他に注文がないかたずねた店員に対して適切な応答を選ぶ。

No.7 正解 **1**

放送文 *A:* Excuse me, do you have a table for two? *B:* I'm sorry, sir. We're full at the moment. Would you mind waiting? *A:* I see. Do we have to wait a long time?

1 No. Probably five or ten minutes. **2** No. You can't wait here. **3** Yes. It'll be ready right away.

全訳 A：すみません，２人なんですが席はありますか。 B：申し訳ございません，お客様。現在満席となっております。お待ちいただいてもよろしいですか。 A：そうですか。長いこと待たなければなりませんか。

選択肢の訳 **1** いいえ。恐らく５分か10分です。 **2** いいえ。こちらではお待ちいただけません。 **3** はい。すぐにご用意します。

ポイント 客と店員の会話。満席だと聞いたA（＝客）が長いこと待つかたずねている。

No.8 正解 **3**

放送文 *A:* Hello, honey. Are you still in the office? *B:* Yes, but I'm leaving now. Should we eat out? *A:* I'm sorry, but I've just decided to have dinner with my co-workers.

1 OK. Stay home and rest. **2** OK. I'll cook something for you today. **3** OK. Just don't stay out too long.

全訳 A：もしもし，あなた。まだオフィスにいる？ B：うん，でも今から出るよ。一緒に外で食べた方がいいかな？ A：申し訳ないけど，同僚と夕飯を食べることになったの。

選択肢の訳 **1** わかった。家にいて休んでて。 **2** わかった。今日はぼくが君のために何か作るよ。 **3** わかった。あまり遅くならないようにね。

ポイント これから職場を出ると言うBに，Aは同僚と夕食をとることになったと言っている。夜の時間帯のことであることに関連した発言が適する。

No.9 **正解** **3**

放送文 *A:* Silvia, won't you take part in the Spanish speech contest in May? *B:* I haven't decided yet, Mr. Gibson. *A:* I see. The application deadline is March 30.

1 I gave it to you yesterday. **2** I'll get better soon. **3** I'll keep that in mind.

全訳 A：シルビア，5月のスペイン語のスピーチコンテストには参加しないの？ B：まだ決めていないんです，ギブソン先生。 A：そうか。申込の締め切りは3月30日だよ。

選択肢の訳 **1** 私はそれを昨日お渡ししました。 **2** 私はすぐに良くなります。 **3** 私はそのことを覚えておきます。

ポイント A（＝教師）はスピーチコンテストの申込締切日をあらためて伝えている。その締切日に関する発言を入れると会話が成り立つ。

No.10 **正解** **1**

放送文 *A:* Hello, Ms. Sanders. *B:* Hi, Jim. What's up? You look pale. *A:* Our dog has gone missing. He likes your yard, so we're just wondering if he has entered your yard.

1 OK. I'll just go and check. **2** OK. I'll call the police. **3** OK. I'll go and pick my dog up.

全訳 A：こんにちは，サンダースさん。 B：こんにちは，ジム。どうしたの？顔色が悪いわよ。 A：犬がいなくなってしまったんです。お宅の庭が気に入っているから，お庭に入って行ったのではないかと思って。

選択肢の訳 **1** わかったわ。行って見てくるわね。 **2** わかったわ。警察に電話するわね。 **3** わかったわ。うちの犬を迎えに行くわね。

ポイント 犬がいなくなったと言うAは，隣人の庭に入っていったのではないかと思っているので，隣人は自分の庭を確認しに行くという流れが自然。

リスニング・第2部

No.11 **正解** **3**

放送文 *A:* Dad, will you go golfing tomorrow morning? *B:* Yes, Emily. I'll leave home before eight. *A:* That's good. I'll be working part-time at the bakery from eight tomorrow. Can you give me a ride there? I don't want to climb up the steep hill near the bakery. *B:* OK. Then let's leave home at seven forty.

Question: What will the man do for his daughter tomorrow?

全訳 A：お父さん，明日の朝はゴルフへ行くの？ B：そうだよ，エミリー。8時前には家を出るよ。 A：よかった。明日は8時からパン屋でバイトなの。そこまで乗せて行ってくれない？パン屋の近くの急な坂を上りたくないの。 B：わかったよ。じゃあ7時40分に家を出よう。

質問の訳 男性は明日，娘のために何をしますか。

選択肢の訳 **1** 彼女を山へ連れて行く。 **2** 彼女にゴルフを教える。 **3** 彼女を車でパン屋へ送っていく。 **4** 彼女のためにパンを焼く。

No.12　**正 解**　1

放送文　*A:* Oh, why is it so hot, particularly when the air conditioner doesn't work? *B:* Calm down, George. Go and spend time at the library.　*A:* No. I want to watch a basketball game live, starting at two.　*B:* If you get so excited, you'll feel hotter. Why don't you take a cold shower?

Question: What is one thing we learn about the man?

全訳　A：ああ，どうしてエアコンが壊れているときに限ってこんなに暑いんだ？　B：落ち着いてよ，ジョージ。図書館に行って時間をつぶして来なさいよ。　A：嫌だね。2時から始まるバスケットボールの試合の生中継を見たいんだ。　B：そんなに興奮すると，もっと暑く感じるわよ。冷たいシャワーでも浴びたらどう？

質問の訳　男性についてわかる1つのことは何ですか。

選択肢の訳　**1**　彼は暑さが我慢できない。　**2**　彼は図書館へ行ったことがない。**3**　彼はバスケットボールをしたい。　**4**　彼は高熱がある。

ポイント　1巡目のA（＝男性）の発言より，暑さにいら立っているとわかる。

No.13　**正 解**　2

放送文　*A:* Hi, Alice. You look happy. Did something good happen?　*B:* Yes. I met Elly Jackson by chance this morning. *A:* Elly Jackson? ... Oh, she was in our class last year. She moved to New York, right?　*B:* Yes. But she came to Boston to attend her cousin's wedding. She'll come to my house for dinner today.

Question: What will Alice probably do this evening?

全訳　A：やあ，アリス。うれしそうだね。何かいいことでもあったの？　B：ええ。今朝エリー・ジャクソンにばったり会ったの。　A：エリー・ジャクソン？　…ああ，去年ぼくたちのクラスにいたね。彼女はニューヨークに引っ越したんだよね？　B：ええ。でもいとこの結婚式に出席するためにボストンに来たの。今日，私の家に夕食を食べに来るわ。

質問の訳　アリスは今夜恐らく何をしますか。

選択肢の訳　**1**　いとこの結婚式でエリーに会う。　**2**　元クラスメイトと一緒に時間を過ごす。　**3**　ボストンからニューヨークへ発つ。　**4**　友達と外で夕食を食べる。

ポイント　2巡目のB（＝Alice）の発言より，元クラスメイトのエリーは，アリスの家で夕食を食べる。

No.14　**正 解**　4

放送文　*A:* Excuse me. Are you hiring now? *B:* Yes. We're looking for someone who can work full time as a cook. *A:* That's good. I used to work at a Japanese restaurant in London. I can also speak Japanese a little. *B:* Oh, really? Then may I speak to you after lunch time at around three?

Question: What does the man want to do?

全訳　　Ａ：すみません。現在求人募集はされていますか。　　Ｂ：はい。フルタイムで働ける料理人を探しています。　　Ａ：それはよかったです。ぼくは以前ロンドンの日本料理店で働いていました。日本語も少し話せます。　　Ｂ：まあ，本当ですか。ではランチタイムの後，3時ごろにお話できますか。

質問の訳　　男性は何をしたいのですか。

選択肢の訳　　**1**　日本食を食べる。　　**2**　席を予約する。　　**3**　日本語を習う。　　**4**　レストランで働く。

ポイント　　Ａ（＝男性）は1巡目の発言で，求人募集をしているかたずねている。

No.15　正解　**3**

放送文　　*A:* Marcus, tomorrow is Ellen's birthday, so I want to make the present look nicer. Which paper bag do you think is better?　*B:* I think the pink one looks more beautiful.　*A:* Oh, I think so, too. Then how about these ribbons?　*B:* Well, I think the red ribbon will match the pink paper bag.

Question: What is the girl doing?

全訳　　Ａ：マーカス，明日はエレンの誕生日だから，プレゼントを素敵に見えるようにしたいの。どちらの紙袋の方がいいと思う？　Ｂ：ピンクの方がきれいだと思うよ。Ａ：ああ，私もそう思うわ。じゃありボンはどう？　Ｂ：そうだなあ，赤いリボンがピンクの紙袋に合うと思うよ。

質問の訳　　少女は何をしていますか。

選択肢の訳　　**1**　エレンの誕生日プレゼントを選んでいる。　　**2**　新しい髪型について考えている。　　**3**　プレゼント用の袋の準備をしている。　　**4**　パーティー用のドレスを買っている。

ポイント　　Ａ（＝少女）はエレンへのプレゼントが素敵に見えるようにするため，紙袋やリボンについて意見を求めていることから，プレゼントを入れる袋の準備をしていることがわかる。

No.16　正解　**2**

放送文　　*A:* Excuse me, ma'am. Doesn't this train stop at East Lake Station?　*B:* I'm afraid not. This is the limited express train, which only stops at major stations.　*A:* Oh, I didn't realize that. What should I do?　*B:* You can get off at the next station and take an outbound local train on the opposite platform.

Question: What is the man's problem?

全訳　　Ａ：すみません。この電車はイースト・レイク駅には停まらないのですか。　Ｂ：あいにく停まりません。特急電車なので，主要駅にしか停まらないのです。　Ａ：ああ，それは知らなかった。どうしよう？　Ｂ：次の駅で降りて，向かい側のホームから下りの各駅停車に乗るといいですよ。

質問の訳　　男性の問題は何ですか。

選択肢の訳　　**1**　彼は電車に乗り遅れた。　　**2**　彼は乗る電車を間違えた。　　**3**　彼は電

車の切符をなくした。 **4** 彼は車内にかばんを置き忘れた。

ポイント A（＝男性）に話しかけられたB（＝女性）が1巡目で，特急列車なので男性の行きたい駅には停まらないと言っている。

No.17 正解 **1**

放送文 *A:* Mom, I'm home. *B:* Hi, Sam. Good timing! Chocolate muffins have just been baked! Try some while they are hot. *A:* I'd love to, but I want to take a shower now. I sweat a lot during soccer practice. *B:* All right. Enjoy the muffins after that.

Question: What will Sam probably do next?

全訳 A：お母さん，ただいま。 B：お帰り，サム。いいところに帰って来たわね！チョコレートマフィンがちょうど焼けたわよ！ 温かいうちにいくつか食べてみなさいよ。 A：そうしたいけれど，今シャワーを浴びたいんだ。サッカーの練習中すごく汗をかいたんだ。 B：いいわよ。そのあとでマフィンを楽しんで。

質問の訳 サムは次に恐らく何をしますか。

選択肢の訳 **1** 浴室へ行く。 **2** チョコレートマフィンを食べる。 **3** チョコレートマフィンを焼く。 **4** サッカーのユニフォームを洗う。

ポイント B（＝母親）にチョコレートマフィンを食べるように言われたが，A（＝Sam）は今シャワーを浴びたいと言っている。

No.18 正解 **3**

放送文 *A:* Hi, Julie. Can we talk for a second? It's about your sister, Bridget.
B: Oh I know, Matt. You had a quarrel with my sister, right? *A:* Yes. I don't know what to do. I don't want her to hate me. What should I do? *B:* Leave it to me. I'll talk to her.

Question: What does Matt want to do?

全訳 A：やあ，ジュリー。ちょっと話せるかな？ 君の妹のブリジットのことだよ。 A：ああ，知ってるわよ，マット。私の妹とけんかしたんですってね？ B：そうなんだよ。どうしたらいいかわからないんだ。彼女に嫌われたくない。ぼくはどうしたらいいんだろう？ B：私に任せておいて。彼女と話してみるわ。

質問の訳 マットは何をしたがっていますか。

選択肢の訳 **1** ブリジットにどうしたらよいかたずねる。 **2** ジュリーの妹にアドバイスをする。 **3** ブリジットと仲直りをする。 **4** ブリジットとジュリーについて話す。

ポイント A（＝Matt）が2巡目で，ブリジットに嫌われたくないと言っている。

No.19 正解 **2**

放送文 *A:* Alex, isn't this the letter you sent to your client a few days ago? It came back. *B:* Really? Why? *A:* Look at the address you wrote down. There is no house number! *B:* Oops! The documents should be delivered by the day after tomorrow. I'll hurry to the post office now.

全訳　A：アレックス，これは数日前にあなたが取引先に送った郵便物じゃない？　戻って来たわよ。　B：本当に？　どうして？　A：書いた住所を見てごらんない。番地がないわよ！　B：しまった！　ああ，書類を明後日までに届けないといけないんだ。これから急いで郵便局へ行って来るよ。

質問の訳　アレックスはなぜ郵便局に行きますか。

選択肢の訳　**1**　クライアントからの小包を受け取るため。　**2**　書類を送り直すため。
3　配達員のミスを責めるため。　**4**　クライアントに謝るため。

ポイント　Aが2巡目で，宛先の住所の番地が抜けていると言っている。

No.20　**正　解**　**4**

放送文　***A:*** Hi, I'd like two tickets for *Animal Kingdom* at 1 p.m.　***B:*** Well, the seats are available, but you'll need to sit separately.　***A:*** Oh, that's out of the question. We want to sit next to each other.　***B:*** If you have time, what do you say to seeing the next showing? It starts at 3 p.m. Two seats in the middle are available.

Question: What does the woman suggest the man do?

全訳　A：あの，1時からの『アニマル・キングダム』のチケットを2枚ください。
B：そうですねぇ，お席はございますが，別々に座っていただかなければなりません。
A：ああ，それは問題外だ。ぼくたちは隣同士に座りたいんです。　B：もしお時間がよろしければ，次回の上映をご覧になるのはいかがですか？　3時に始まります。真ん中の2席が空いております。

質問の訳　女性は男性に何をすることを提案していますか。

選択肢の訳　**1**　別の映画館に行く。　**2**　違う映画を見る。　**3**　別々の席に座る。
4　次の上映を待つ。

ポイント　映画館のチケット売場での会話。B（＝スタッフ）が2巡目で，真ん中の2席が空いている次回の上映を見ることを勧めている。

リスニング・第3部　

No.21　**正　解**　**1**

放送文　Pamela lives with her parents in the suburbs of London.　She works at a Chinese restaurant in the center of London.　Last month, the restaurant appeared in a magazine, and more and more customers visited there.　As a result, Pamela had to start working until late at night, and she feels tired.　To shorten her commute to work, she's planning to rent a room near the restaurant.

Question: How does Pamela plan to solve her problem?

全訳　パメラはロンドン郊外に両親と暮らしている。彼女はロンドン中心地にある中華レストランで働いている。先月，そのレストランが雑誌に掲載され，多くの客が訪れるようになった。その結果，パメラは夜遅くまで働かなければならなくなり，疲労を感じている。通勤時間を短くするために，彼女はレストランの近くに部屋を借りるつもりである。

予想模試・第2回

パメラはどうやって彼女の問題を解決するつもりですか。

1 職場の近くに暮らすことで。 **2** 両親をレストランに招待することで。 **3** 仕事を変えることで。 **4** スタッフを増やすことによって。

ポイント 最終文より，レストランの近くに部屋を借りるつもりである。

No.22 　正解　3

放送文 Thank you for coming to Greenpark Mall. It's the opening day of a new Italian restaurant, Albano's Oven. For three days from today, you can have a drink with your meal for free. In addition, by ordering a set lunch, you will get a special 5 dollars off coupon that you can use at any shop in Greenpark Mall. Enjoy the food and shopping.

Question: What do the customers have to do to get a special coupon?

全訳 グリーンパーク・モールにお越しいただき，ありがとうございます。今日は新しいイタリア料理店，アルバーノズ・オーブンのオープン日です。本日より3日間，お食事と一緒にお飲み物を無料でお召し上がりいただけます。さらに，お昼の定食をご注文いただくと，グリーンパーク・モールのどの店舗でもご利用いただける，5ドル引きの特別クーポンを差し上げます。お食事とお買い物をお楽しみください。

質問の訳 客は特別クーポンを得るために，何をしなければなりませんか。

選択肢の訳 **1** グリーンパーク・モールで5ドル以上使う。 **2** アルバーノズ・オーブンで3回食事をする。 **3** 新しいレストランで昼の定食を注文する。 **4** グリーンパーク・モールのいずれかのレストランで昼食を食べる。

ポイント 4文目より，新しく開店したアルバーノズ・オーブンの昼の定食を注文するとクーポンをもらえる。

No.23 　正解　2

放送文 Every Monday and Wednesday, Mustafa enjoys morning exercise before going to work. He leaves home at six and works out at the gym for two hours. He keeps fit by doing regular exercise. Last Wednesday, however, he gave up going to the gym because of a stomachache. He also called and asked his client to reschedule their meeting.

Question: Why didn't Mustafa go to the gym last Wednesday?

全訳 毎週月曜日と水曜日，ムスタファは出勤前の朝の運動を楽しんでいる。彼は6時に家を出て，ジムで2時間汗を流す。定期的に運動をすることで，彼は健康を保っている。しかし先週の水曜日，彼は腹痛のためにジムへ行くのを断念した。また彼はクライアントに電話をし，打ち合わせの日程を変更してほしいと頼んだ。

質問の訳 ムスタファはなぜ先週の水曜日にジムへ行きませんでしたか。

選択肢の訳 **1** 彼はクライアントとの会議があった。 **2** 彼は体調が良くなかった。 **3** 彼は寝坊した。 **4** 彼は医者へ行った。

ポイント 4文目より，ムスタファは腹痛のためジムに行くことを断念した。

No.24　正解　4

放送文　Olivia studies art at college.　Her parents run a popular cake shop.　Next month, they will open a second shop in the west of Sydney.　These days, they're very busy preparing for its opening.　They asked Olivia to work with the interior designer of the new shop, so she decided to quit her part-time job at a bookstore for her parents.

Question: What will Olivia do for her parents?

全訳　オリビアは美大生である。彼女の両親は人気のケーキ屋を経営している。来月，彼らはシドニー西部に2号店をオープンする。最近，彼らは開店の準備でとても忙しい。彼らがオリビアに，新店舗の内装デザイナーを手伝ってほしいと頼むので，彼女は両親のために，本屋でのアルバイトを辞めることにした。

質問の訳　オリビアは両親のために何をしますか。

選択肢の訳　**1**　書店でアルバイトをする。　**2**　ケーキ屋で働くために大学を辞める。　**3**　2号店をオープンするためのお金を稼ぐ。　**4**　新しい店をオープンするのを手伝う。

ポイント　5文目より，オリビアはアルバイトを辞めて新店舗のオープンを手伝うことにした。

No.25　正解　3

放送文　A Longyi is a traditional Myanmar skirt-like costume that both men and women wear in their daily lives.　It is a sheet of cloth stitched as a tube, and people wear it by wrapping it around their waists.　A Longyi suits the hot and humid climate of Myanmar as it allows some air to move around inside and keeps you cool in the hot sun.

Question: What is one thing we learn about the longyi?

全訳　ロンジーは，男性と女性の両方が日常生活で着用する，ミャンマーのスカートのような伝統的な衣装である。　チューブ状に縫い付けられた1枚の布で，腰に巻いて着用する。　ロンジーは，空気が内部で流れて回り，暑い太陽の下で涼しく保たれるため，ミャンマーの高温多湿の気候に適している。

質問の訳　ロンジーについて私たちがわかる1つのことは何ですか。

選択肢の訳　**1**　それは女性が着用する伝統的なロングスカートである。　**2**　それは特別な日にのみ着用される。　**3**　それは腰に巻かれたスカートのように見える。　**4**　それはデザインが複雑である。

ポイント　1～2文目より，巻きスカートのような形状であるとわかる。

No.26　正解　2

放送文　Tonia loves to use her smartphone and spends a lot of time on it every day. Her parents are worried that she doesn't have enough time to study.　One day, she lost her smartphone on the train, so she wanted a new one.　Her parents told her that she could get one if she used it only for an hour after studying.

Question: What must Tonia do to get a new smartphone?

全訳 トニアはスマートフォンを使うのが大好きで，毎日多くの時間をそれに費やす。両親は彼女には勉強する時間が十分にないのではないかと心配している。ある日，彼女は電車の中でスマートフォンをなくしたので，新しいものをほしがった。両親は，勉強をしたあとに１時間だけ使うなら買ってもよいと言った。

質問の訳 トニアは新しいスマートフォンを手に入れるために何をしなければなりませんか。

選択肢の訳 **1** 毎日１時間勉強する。 **2** 限られた時間だけスマートフォンを使う。**3** 夕食後に両親を手伝う。 **4** 電話をかけるためだけにスマートフォンを使う。

ポイント ４文目より，両親は勉強をしたあとに１時間だけスマートフォンを使うのであれば，新しいスマートフォンを買ってもよいと言ったことがわかる。

No.27 **正解** 1

放送文 Thank you for listening to T-Radio 72. Do you know what day it is today? Thirty years ago today, a baby elephant, Andre, was born at Sunrise Zoo. For years, many new animals such as koalas, tigers, and lions have joined the zoo, but Andre is still the star at Sunrise Zoo. Why don't you go to say happy birthday to him?

Question: What is the radio announcer talking about?

全訳 お聞きになっているのはＴラジオ72です。今日は何の日だかご存じですか。30年前の今日，アンドレという赤ちゃんゾウがサンライズ動物園で誕生しました。何年もの間にコアラやトラ，ライオンなど，様々な新しい動物が動物園にやって来ましたが，アンドレは今もサンライズ動物園のスターです。動物園に行って，彼にお誕生日おめでとう，と言ってあげませんか。

質問の訳 ラジオのアナウンサーは何について話していますか。

選択肢の訳 **1** ゾウの30歳の誕生日。 **2** 動物園に新しく入った動物。 **3** 野生のゾウの生態。 **4** 今日の日の出と日の入りの時間。

ポイント 今日30歳の誕生日を迎えるゾウのアンドレについて話している。

No.28 **正解** 3

放送文 Patricia is planning to travel to Japan during her summer vacation. She went to a travel agency this afternoon and got a flight ticket. She also bought some guidebooks and read them until late at night. Then she realized that she hadn't contacted her friend in Tokyo, Saki. She was so sleepy that she decided to write her an e-mail the next morning.

Question: Why did Patricia stay up late last night?

全訳 パトリシアは夏休みに日本を旅行する計画をしている。彼女は今日の午後，旅行代理店に行って航空券を取った。彼女はまた，ガイドブックを何冊か買い，夜遅くまでそれを読んだ。そのとき彼女は，東京にいる友人のサキに連絡していないことに気づいた。とても眠かったので，翌朝彼女にメールを書くことにした。

質問の訳 パトリシアは昨夜，なぜ夜遅くまで起きていましたか。

選択肢の訳 **1** 彼女は航空券の値段を調べていた。 **2** 彼女は日本にいる友人と話し

ていた。　**3**　彼女は日本の観光地について調べていた。　**4**　彼女はサキにメールを書いていた。

ポイント　3文目より，夜遅くまで日本のガイドブックを読んでいた。

No.29　**正解**　4

放送文　The shoebill is a very large bird living in Central Africa.　The most unique feature of the bird is its large head, which is not balanced with its body.　The shoebill is often called a "non-moving bird," but it doesn't mean that it is always still.　It stops like a statue while waiting for a fish and sometimes moves slowly to catch it.

Question: What is one thing that we learn about the shoebill?

全訳　ハシビロコウは中央アフリカに生息する巨大な鳥である。この鳥の最もユニークな点は，体とは釣り合わないほど大きな頭である。ハシビロコウはしばしば「動かない鳥」と呼ばれるが，いつでもじっとしているというわけではない。魚を待っているときは彫像のようにじっとしており，ときどきそれを捕えるためにゆっくりと動く。

質問の訳　ハシビロコウについて私たちがわかることの1つは何ですか。

選択肢の訳　**1**　それは全く動かない。　**2**　それは普段は1本足でバランスを保っている。　**3**　それはしばしば「鳥の彫像」と呼ばれる。　**4**　それは狩りをするときに主に動く。

ポイント　4文目より，獲物を捕らえるときにはゆっくりと動く。

No.30　**正解**　3

放送文　When Pablo was in junior high school, he studied in Japan for three months.　His host mother was good at cooking, and he loved the *nikujaga* she made.　One day, while he was watching TV, he saw a famous chef showing how to cook *nikujaga*.　Immediately, he wrote the recipe down and cooked *nikujaga* for dinner.　It reminded him of his host mother's cooking.

Question: How did Pablo learn to make *nikujaga*?

全訳　パブロは中学生のとき，3か月日本で勉強をした。彼のホストマザーは料理が得意で，彼は彼女が作る肉じゃがが大好きだった。ある日，テレビを見ていると，有名なシェフが肉じゃがの作り方を紹介していた。すぐさま彼はレシピをメモし，夕食に肉じゃがを作ってみた。それは彼に，ホストマザーの味を思い出させた。

質問の訳　パブロはどのようにして肉じゃがを作ることを学びましたか

選択肢の訳　**1**　ホストマザーから習って。　**2**　料理本を読んで。　**3**　料理番組を見て。　**4**　日本食レストランで働いて。

ポイント　3～4文目より，テレビで作り方を見て，実際に作ってみた。

英文作成，作問，解説●菊地あおい／CD作成協力●ELEC録音スタジオ
本文デザイン●松倉浩・鈴木友佳／イラスト●坂木浩子，今田貴之進
編集協力●一校舎／企画編集●成美堂出版編集部

本書に関する正誤等の最新情報は，下記のアドレスで確認することができます。
https://www.seibidoshuppan.co.jp/support/

上記URLに記載されていない箇所で正誤についてお気づきの場合は，書名・発行日・質問事項・ページ数・氏名・郵便番号・住所・FAX番号を明記の上，**郵送またはFAXで成美堂出版**までお問い合わせください。
※電話でのお問い合わせはお受けできません。
※本書の正誤に関するご質問以外にはお答えできません。また受験指導などは行っておりません。
※ご質問の到着確認後，10日前後に回答を普通郵便またはFAXで発送いたします。
　ご質問の受付期限は，各試験日の10日前到着分までとさせていただきます。ご了承ください。

・本書の付属CDは，CDプレーヤーでの再生を保証する規格品です。
・CDプレーヤーで音声が正常に再生されるCDから，パソコンやiPodなどのデジタルオーディオプレーヤーに取り込む際にトラブルが生じた場合は，まず，そのソフトまたはプレーヤーの製作元にご相談ください。
・本書の付属CDには，タイトルなどの文字情報はいっさい含まれておりません。CDをパソコンに読み込んだ際，文字情報が表示されることがありますが，それは弊社の管理下にはないデータが取り込まれたためです。必ず音声をご確認ください。

このコンテンツは，公益財団法人 日本英語検定協会の承認や推奨，その他の検討を受けたものではありません。

スピード攻略! 英検®準2級 一問一答&予想模試

2023年5月20日発行

編　者　成美堂出版編集部

発行者　深見公子

発行所　成美堂出版
　　　　〒162-8445　東京都新宿区新小川町1-7
　　　　電話(03)5206-8151　FAX(03)5206-8159

印　刷　株式会社フクイン

別冊 ─ 一次試験

予想模試

別冊

矢印の方向に引くと別冊が取り外せます。

成美堂出版

●準2級

筆記試験は次のページから始まります。 ────────────→
※解答用紙は巻末にあります。

1 次の(1)から(20)までの(　　)に入れるのに最も適切なものを1，2，3，4の中から一つ選び，その番号を解答用紙の所定欄にマークしなさい。

---

(1) *A:* Emma, how do you like the (　　) of Japan?

　　B: Not bad, but I just don't like the heat and humidity in summer.

　　1 figure　　　　**2** physics　　　　**3** assignment　　　　**4** climate

(2) At the meeting yesterday, John presented an idea for a new product. It was highly (　　) and is going to be developed into a product.

　　1 denied　　　　**2** appreciated　　**3** reserved　　　　**4** demanded

(3) *A:* What's the matter, Melissa?　You look gloomy.

　　B: Well, I broke the vase that my mother cherished.　I'm sure she'll never (　　) me.

　　1 forget　　　　**2** involve　　　　**3** forgive　　　　**4** prove

(4) Andy studies history at college.　He likes the subject because he's been interested in how (　　) people lived since he was small.

　　1 distant　　　　**2** familiar　　　　**3** recent　　　　**4** ancient

(5) Electric power companies are calling on people to save electricity because large (　　) of electricity tend to be consumed during summer.

　　1 amounts　　　　**2** numbers　　　　**3** qualities　　　　**4** scales

3

(6) *A:* Listen, Angela! I invited Maria to my birthday party next Saturday.

B: Really? Well, I might be wrong, but I think she will ( ) your invitation because she's going to a movie with Mark that day.

1 suggest　　**2** follow　　**3** refuse　　**4** reply

(7) In Japan, there are a lot of natural ( ), such as earthquakes, typhoons, and floods. So it is advisable to have an emergency bag prepared at home or in the car.

1 duties　　**2** disasters　　**3** expenses　　**4** diseases

(8) Hiroto has been studying in Canada since last month. At first, he was puzzled by the differences in ( ), but now he enjoys his school life.

1 customs　　**2** efforts　　**3** experiments　　**4** volumes

(9) *A:* Excuse me. Do you have any rooms ( ) tonight?

B: Let me check.... Yes, we have a single room for $80.

1 permanent　　**2** available　　**3** official　　**4** possible

(10) Billy went to buy a wallet and found one he liked, which cost $300. He couldn't ( ) to buy it, so he left the store without buying anything.

1 attend　　**2** lack　　**3** afford　　**4** cheer

(11) Ron, the president of the restaurant chain, expanded his business abroad this year. However, domestic sales have been declining, and the company will ( ) up in debt.

1 catch   **2** start   **3** fall   **4** end

(12) Yesterday, when Sally was carrying a heavy planter to the living room, she felt a sharp pain in her back all ( ) a sudden. She couldn't move at all because of the pain, so she had no choice but to call an ambulance.

1 for   **2** in   **3** at   **4** of

(13) *A:* How is your grandmother, Helen?

B: She needs to stay in the hospital for a few more weeks, but she's getting better little ( ) little.

1 by   **2** or   **3** and   **4** on

(14) Ms. Andrews decided to employ Thomas as a secretary. She chose him because he made a good ( ) on her when she met him for the first time.

1 permission **2** impression **3** movement **4** opportunity

(15) Robin was looking forward to the outdoor concert of his favorite singer. Sadly, however, the concert was ( ) due to the typhoon.

1 carried out **2** turned down **3** got over **4** called off

(16) Jim usually spends his weekends going shopping and gathering with friends. But he had nothing (   ) planned for this weekend, so he spent all day watching movies in his room.

   1 in particular   **2** in common   **3** for good   **4** so long

(17) *A:* Congratulations, Ed. I knew you would definitely become a champion.

   B: Thank you, Ann. But for your support, I couldn't (   ) my dream.

   1 realized   **2** have realized **3** be realized   **4** had realized

(18) *A:* Wow, what a beautiful handkerchief! Where did you buy it?

   B: At Green Plaza. I bought three in different colors, so I'll give you (   ) one you like.

   1 whichever   **2** whenever   **3** wherever   **4** whoever

(19) *A:* Are there any places you want to visit during summer vacation?

   B: Let's see. Never (   ) been to Hokkaido, I want to travel there.

   1 have   **2** having   **3** had   **4** have had

(20) *A:* Jessica, I have something to show you. Wait here with your eyes (   ).

   B: Oh, what is it, Roger? You've got me so curious.

   1 close   **2** closing   **3** closed   **4** are closed

次の四つの会話文を完成させるために，*(21)* から *(25)* に入るものとして最も適切なものを 1，2，3，4 の中から一つ選び，その番号を解答用紙の所定欄にマークしなさい。

(21) *A:* Excuse me. What's the cheapest way to send this package to London?
B: Sea mail is the cheapest, but (*21*).
A: That's a problem. It should get to London by August 10.
B: I see. Then it's better to send it by SAL.

1 you need to put it in a special box
2 I need to weigh it first
3 it'll cost about 15 dollars
4 it'll take about a month

(22) *A:* Good morning, Miranda. Are you (*22*)?
B: What are you talking about, Tom? We'll have a science test today.
A: Really? Oh, my gosh! I misunderstood.
B: Poor Tom. But don't worry. You're good at science, so you'll do well.

1 ready for today's math test
2 tired from studying for the test
3 free after school today
4 good at math

(23) *A:* Thank you for inviting me today, Lydia.
B: Please make yourself at home, Sean. Dinner will be ready soon.
A: Thank you. Well, (*23*).
B: Oh, that's great. It'll be perfect for dessert.

1 you should have reserved a table at the restaurant
2 you can rest for a while
3 I brought a cheesecake my mother made
4 I bought a magazine on the way

A: How can I help you?

B: Oh, yes. Do you have (24   )?

A: This is one-size-fits-all, sir.

B: Really? It looks big. May I just try it on?

A: Sure. I'll take you to the fitting room.

B: OK. Oh, wait. I (25   ).

A: No problem. I'll put it aside for you and wait here.

B: Thank you. I'll go get them.

(24) **1** anything on sale now

      2 this shirt in a smaller size

      3 any shirts that suit me

      4 these trousers in different colors

(25) **1** want you to check the stock and price

      2 want my wife to see it first

      3 need to go to the bathroom before that

      4 have some other items I'd like to try on

3 次の英文 [A], [B] を読み, その文意にそって*(26)*から*(30)*までの(　)に入れるのに最も適切なものを 1, 2, 3, 4 の中から一つ選び, その番号を解答用紙の所定欄にマークしなさい。

[A]

Amelie's Favorite

A French student, Amelie, stays at Mr. and Mrs. Yamada's house and goes to a college in Tokyo. Mrs. Yamada, who loves cooking, makes many kinds of Japanese food. Amelie (　*26*　). Actually, however, there was one thing that she didn't like before. That was white rice. For her, who usually ate bread in France, the sticky, tasteless Japanese rice wasn't delicious at all. So, Amelie had bread, even with dishes like *nikujaga* and *tempura*. Mrs. Yamada was a little disappointed about that.

One day, Amelie went hiking with her friends. Mrs. Yamada made a packed lunch for her. The girls enjoyed walking in the mountains, chatting about their school lives. At lunch time, Amelie opened her lunch box and saw something black and round. Having a bite, she (　*27*　), but surprisingly, it tasted great. They were the rice balls Mrs. Yamada had made. After coming home, Amelie asked Mrs. Yamada to teach her how to make rice balls. Now, Amelie has rice balls every day, and she's keen on finding her favorite rice ball fillings.

(26)　**1**　missed her mother's cooking
　　　2　also cooked French dishes
　　　3　likes whatever she cooks
　　　4　often had no appetite

(27)　**1**　noticed that it was rice
　　　2　knew that it was ready-made
　　　3　thought that she really liked it
　　　4　found that she had made it before

Animals' Sleeping Time

Sleep is essential for almost all living things. The ideal sleeping time for an adult human is said to be between 6 and 8 hours. How about animals? How long do they sleep? One of the animals that sleeps the shortest is the giraffe, which sleeps only 20 minutes a day. Other grass-eating animals such as elephants, horses, cows, and sheep sleep only for 2 or 3 hours. On the other hand, many meat-eating animals (*28*). For example, lions and wolves sleep for 10 to 15 hours.

Basically, meat-eating animals sleep longer. Once they catch their prey and eat it, they don't have to hunt for a while because they eat high-protein, high-calorie meat, which satisfies their hunger. They are also less likely to be attacked by other animals. On the other hand, grass-eating animals sleep little so that they can (*29*). Some animals such as horses are so cautious as to sleep standing up. In addition, the grass they eat is low in calories and needs to be eaten in large quantities. Accordingly, they have to spend more time eating than sleeping.

There are, however, some grass-eating animals that sleep very long periods of time. Koalas are an example. Surprisingly, they sleep for 18 to 20 hours a day. Why? Koalas mainly eat eucalyptus leaves, which have strong poison. It takes a lot of time and energy for koalas to digest them, so they need to sleep for a long period of time to (*30*) for themselves.

(28)
1 sleep for the whole winter
2 sleep even longer than humans
3 attack these grass-eating animals
4 require little sleep time

(29)
1 find and eat fresh grasses
2 become more active at night
3 get more food during the night
4 run away from their enemies at anytime

(30)
1 store energy
2 find more leaves
3 eat animal meat
4 make poison

次の英文 [A]，[B] の内容に関して，*(31)* から *(37)* までの質問に対して最も適切なもの，または文を完成させるのに最も適切なものを１，２，３，４の中から一つ選び，その番号を解答用紙の所定欄にマークしなさい。

[A]

From: Barbara Evans <b-evans2@coolmail.com>
To: Asami Kudo <asm-kudo@webmail.com>
Date: July 25
Subject: Thank you!

Dear Asami,

How are you? I returned to London yesterday morning. I wanted to write to you sooner, but I was busy unpacking my stuff. Thank you very much for everything you did for me in Japan. I really enjoyed my stay with you. I'm writing this e-mail, looking at the pictures of the farewell party you held for me two days before my leaving Japan. That day, July 22, was also my 20th birthday. I'll never forget that memorable day.

I also want to thank you for helping me choose the nice souvenirs from Japan. My parents, my elder brother, John, and my younger brother, Henry, were glad to receive them. My parents enjoyed the green tea in the Japanese teacup right away. John wore the T-shirt and went to college this morning. He likes the kanji on the shirt very much. Henry has been absorbed in reading the picture book about Japanese trains.

I'm getting more interested in Japan. Now, I'm looking for a language school where I can learn Japanese on weekends. To improve my reading and writing skills, I'll read many Japanese books at the college library. As for speaking, I need your help. When you have time, please chat with me online. I think speaking Japanese regularly is the best way to become a good speaker.

Your friend,
Barbara

(31)　On July 22, Barbara
　　　1　left Japan for the U.K.
　　　2　returned to her country from Japan.
　　　3　had a great time at her farewell party.
　　　4　celebrated Asami's birthday.

(32)　What did Barbara give to her elder brother?
　　　1　A toy train and a picture book.
　　　2　Green tea leaves and a tea cup.
　　　3　A book to help him learn kanji.
　　　4　A T-shirt with kanji printed on it.

(33)　What does Barbara ask Asami to do?
　　　1　Introduce Japanese people living in London.
　　　2　Look for a Japanese language school.
　　　3　Send her some Japanese books.
　　　4　Talk with her using the Internet.

Mongolian Ger

Mongolia is located inland in East Asia and is about four times as large as Japan. The climate in Mongolia is characterized by a large temperature difference. The temperatures rises to nearly 40°C in the summer and sometimes falls below -30°C in the winter. As about 80% of the country is grassland, many people travel from place to place throughout the year in order to find grass and water for their livestock.

These people who don't settle in a certain place usually live in mobile houses called gers. A ger is a round hut that can quickly be assembled and disassembled. It takes about one and a half to two hours for two or three people to build a ger. The parts of a ger are usually carried on animals such as cattle and camels, but nowadays, trucks are often used. Moreover, most of the ger parts used to be made by hand, but now in many cases, they're made in factories.

The size of a standard ger for a family is about 4.5 to 6.5 meters in diameter. The center of the ger ceiling can be opened like a window by turning over the cloth and people can get plenty of natural light from there. The sunlight coming in through the ceiling and the shades it creates also tell people the time. Gers always face south. Since there is no water supply, gers are often built near rivers and ponds.

During the daytime in summer, people open the ceiling and let fresh air in. In winter, when the temperature drops below -10°C, several carpets are laid on the ground and the ceiling and the walls are also covered with more felt. Living in a ger makes it possible for people to pleasantly spend hot summers and cold winters without electricity. A ger may be the ultimate eco-friendly house. Therefore, even in Ulaanbaatar, the capital city, many families still live in gers.

(34) Many people in Mongolia
    1 live only in areas where the climate is moderate throughout the year.
    2 settle in one place and travel to the grasslands to feed their sheep and goats.
    3 move around the country to get enough grass for their animals.
    4 relocate in winter as the temperatures are very low.

(35) What is true about gers?
    1 Even people who have their own houses like to live in them.
    2 Instead of using livestock, people nowadays often carry their parts on a truck.
    3 It can be easily assembled by a person within an hour or so.
    4 It's very valuable because all the parts are made by hand.

(36) A part of the ger ceiling
    1 is covered with a piece of round glass and allows sunlight to enter the ger.
    2 has a small square window which people can open and close easily.
    3 is always closed, but people can get light from the windows on the wall.
    4 works as a solar clock and enables people to know the time.

(37) Why does the author refer to a ger as the ultimate eco-friendly house?
    1 Because it allows people to live in any climate without using electricity.
    2 Because it leads more people to move from the city to the suburbs.
    3 Because it can generate electricity by using sunlight.
    4 Because it enables people to travel to many different places.

5
●あなたは，外国人の知り合いから以下のQUESTIONをされました。
●QUESTIONについて，あなたの意見とその理由を2つ英文で書きなさい。
●語数の目安は50語～60語です。
●解答は，解答用紙のB面にあるライティング解答欄に書きなさい。なお，解答欄の外に書かれたものは採点されません。
●解答がQUESTIONに対応していないと判断された場合は，0点と採点されることがあります。QUESTIONをよく読んでから答えてください。

QUESTION
Do you think elementary schools in Japan should use school buses for students?

Listening Test

準2級リスニングテストについて

❶ このリスニングテストには，第1部から第3部まであります。

★英文はすべて一度しか読まれません。

第1部……対話を聞き，その最後の文に対する応答として最も適切な
ものを，放送される**1**，**2**，**3**の中から一つ選びなさい。

第2部……対話を聞き，その質問に対して最も適切なものを**1**，**2**，**3**，
4の中から一つ選びなさい。

第3部……英文を聞き，その質問に対して最も適切なものを**1**，**2**，**3**，
4の中から一つ選びなさい。

❷ *No. 30* のあと，10秒すると試験終了の合図がありますので，筆記用具を
置いてください。

第1部

No. 1 〜 No. 10（選択肢はすべて放送されます。）

No. 11

1 Practice soccer.
2 Help her grandmother.
3 Bake some cookies.
4 Study for exams.

No. 12

1 They swam in the sea.
2 They saw the beautiful sunset.
3 They traveled on the river.
4 They visited their friend's farm.

No. 13

1 The bakery is the closest to where they are now.
2 They feel hungry and want to eat bread.
3 There is a lot of time before the library opens.
4 The bread they want may soon sell out.

No. 14

1 She's getting hungry.
2 She's tired of playing tennis.
3 She doesn't like coffee.
4 She wants something cold to drink.

No. 15

1 Order one more spaghetti item.
2 Make her child eat easily.
3 See a dessert menu.
4 Change their order.

No. 16
1 Buy a new wallet at the department store.
2 Call the department store again.
3 Call other places he went this afternoon.
4 Go to the 1st floor of the department store.

No. 17
1 She made friends with a Korean girl.
2 She studied it with a tutor.
3 She watched many Korean films.
4 She traveled in Korea many times.

No. 18
1 Decide where to go during their summer vacation.
2 Talk with his wife about the train tickets.
3 Think about how to go to Madrid.
4 Book the train tickets for their trip.

No. 19
1 He forgot to send the document to the client.
2 He can't contact his boss.
3 He's tired of working on the weekend.
4 He can't get to Mei's house on time.

No. 20
1 Enjoying fishing with his friend.
2 Watching the weather forecast.
3 Preparing his clothes for tomorrow.
4 Shopping at a clothes shop.

No. 21　
1　She went to a park to take pictures.
2　She held a photo exhibition.
3　She enjoyed lunch at a cafeteria.
4　She looked back at her pictures.

No. 22　
1　People can enjoy bathing in hot rivers.
2　All the volcanos in the country are active.
3　Ice covers nearly half the country.
4　Fires are frequent because of the volcanos.

No. 23　
1　He was late for an important meeting.
2　He bought three alarm clocks for tomorrow's meeting.
3　He asked his friend to wake him up tomorrow.
4　He stayed at his friend's house.

No. 24　
1　She thought he would be a good train driver.
2　She wanted him to be a pilot as he wished.
3　She didn't think he would realize his dream.
4　She was disappointed with his choice.

No. 25

1 She missed the train to Forest Station.
2 She can't see Brian today.
3 She wants to change the day when she'll meet Brian.
4 She'll arrive at the station later than she said.

No. 26

1 He couldn't finish his math homework.
2 He was disturbed by the noise from his neighbor.
3 He watched TV until late at night.
4 He had a party with his neighbor.

No. 27

1 A strong typhoon is coming tonight.
2 Someone in the company broke the windows.
3 The staff can't eat lunch at the cafeteria today.
4 The cafeteria will be open only for lunch today.

No. 28

1 Her parents may be sad without her.
2 Her Japanese may not be understood by people.
3 She may make her brother feel very lonely.
4 She may not be able to understand her parents' feelings.

No. 29 1 There are about 50 working robots all over Singapore.

2 Some of them help doctors.

3 All of them are manufactured in Singapore.

4 They will be introduced at the international airport soon.

No. 30 1 She will start exercising.

2 She will see her doctor again.

3 She will stop eating fried chicken.

4 She will eat less.

1 次の(1)から(20)までの(　　)に入れるのに最も適切なものを1，2，3，4の中から一つ選び，その番号を解答用紙の所定欄にマークしなさい。

(1) Daniel, who runs a hotel chain, expanded his business overseas ten years ago. It didn't go well initially, but it has (　　) great success recently.
   1 overcame　**2** purchased　**3** gathered　**4** achieved

(2) *A:* I'll go to the sea for fishing tomorrow morning.
   B: Are you kidding? The (　　) must be very high because of the typhoon.
   1 rocks　　**2** creatures　**3** waves　　**4** attentions

(3) A robot manufacturing company developed a new agricultural robot. At the launch event, Joseph, the leader of the development team, will (　　) how it harvests fruit.
   1 excuse　　**2** demonstrate　**3** behave　　**4** compete

(4) *A:* Martin, I'm getting hungry. I want to eat lunch near here.
   B: There are (　　) even any stores around here. Let's go to the station by bus.
   1 generally　**2** unfortunately　**3** hardly　　**4** nearly

(5) Adam's niece saw his dog, Rocky, for the first time yesterday. She was (　　) to see the large black dog at first, but soon they became good friends because she knew that Rocky was very friendly.
   1 frightened　**2** bored　　**3** glad　　**4** honest

(6) *A:* Jessica, I hear your hobby is to collect Japanese (   ).

  B: Yes. Look. This is an eraser I bought yesterday. It has a unique shape, right?

  1 sweets   **2** clothes   **3** furniture   **4** stationery

(7) Both Justin and Rachel failed the bar exam on their second try. They (   ) each other and decided to keep studying hard for their third try.

  1 divided   **2** complained   **3** exchanged   **4** encouraged

(8) *A:* I'm worried about whether I can make friends at my new school.

  B: Get the (   ) to talk to your classmates, then you'll be all right.

  1 courage   **2** impression   **3** purpose   **4** device

(9) Last Sunday, Thomas went to a mountain for bird watching and saw a rare bird in a tree. However, at the moment he took out his camera, it became (   ).

  1 loud   **2** sufficient   **3** invisible   **4** unusual

(10) *A:* Will it take a long time to repair this bag? It's my favorite.

  B: No, sir. It will be repaired (   ) two days.

  1 on   **2** for   **3** within   **4** over

(11) *A:* Hey, how did Charles meet Victoria?

   B: Well, He met her at his colleague's wedding. He fell in love with her at first (   ).

   1 hand   **2** sight   **3** time   **4** goal

(12) *A:* I've told Tom many times that he shouldn't go on an extreme diet, but he never listens to me.

   B: It's no (   ) telling him anything. He's a stubborn person.

   1 worth   **2** use   **3** method   **4** skill

(13) Daisy has 5-year-old naughty twins, Bill and Jimmy. They never (   ) their toys after playing with them, so she told them that she would never buy them new toys.

   1 take off   **2** look out   **3** get over   **4** put away

(14) *A:* Mr. Nelson asked you to work at his company, right?

   B: Yes. The content of the work is attractive, but I'll (   ) the offer because the pay is too low.

   1 turn down   **2** come across   **3** break into   **4** apply for

(15) Last Sunday, Kim went to Kyoto with her family. It had been raining when she left home, but (   ) their arriving there, the sky became clear.

   1 as   **2** at   **3** upon   **4** in

(16) Yesterday, at the company meeting, Angela proposed a new business plan to beat the competitors. She insisted that the plan should be put ( ) as soon as possible.

1 in change   **2** for reality   **3** at stage   **4** into practice

(17) George made a success of his business and made a fortune. Nevertheless, he has been suffering from loneliness and is ( ) happy.

1 by no means **2** by and large **3** for real   **4** at any cost

(18) **A:** I couldn't tell Brian that I would be leaving London next month.
B: I can understand, Kana. If you ( ) him, he would have been sad.

1 have told   **2** had told   **3** had been told **4** would have told

(19) **A:** Honey, when I told Maggy that I was going to marry you, she thought I was joking.
B: Haha. She ( ) think so. You didn't seem to be interested in me at all.

1 must more   **2** should much **3** may well   **4** can as

(20) **A:** Kenji, I like this Japanese song. I don't know the meaning of the lyrics, but it sounds nice.
B: It's an old Japanese song. It ( ) by many people.

1 was sang   **2** has sung
3 has been sung   **4** has been singing

2 次の四つの会話文を完成させるために，*(21)* から*(25)* に入るものとして最も適切なものを 1，2，3，4 の中から一つ選び，その番号を解答用紙の所定欄にマークしなさい。

(21) A: Mom, I think I left my wallet somewhere.

B: Oh, no. Try to remember (**21**).

A: Well, first, I went to the library and then to the bookstore, had lunch at Maya's house, and ...

B: Then it may be better to call and ask Maya first.

1 why you forget things a lot

2 what you've done since this morning

3 where you bought the wallet

4 when you came home

(22) A: Welcome to Dian's steak. Table for two?

B: Yes. We'd like (**22**), please.

A: Sure. How about the one in the corner? You'll see the beautiful garden.

B: Lovely! Thank you.

1 to order two Special Steak Sets

2 to get the dish to go

3 a table upstairs

4 a table with a nice view

(23) A: Hi, Anna. Have you decided what to give Kevin for his birthday?

B: I think I'll (**23**).

A: That sounds great. He loves cooking, so he will like it.

B: Yes. Actually, I hope he will try a recipe in it and make dinner for me.

1 buy chocolate at a popular store

2 bake a delicious birthday cake

3 give a cookbook of a famous chef

4 make him a cute apron

A: Good morning, Front Desk. How can I help you?

B: Hello. I'll check out today, but I'd like (**24**). Is that OK?

A: Let me check .... Yes, you can, but there is an extra fee.

B: No problem. How much will it cost?

A: Twenty dollars.

B: OK. And I want to ask you one more thing. Could you (**25**)?

A: Sure, sir. Where to?

B: To Central Airport. I have a 5 o'clock flight.

(24) **1** to use my room until 1 p.m.

    2 to pay my bill right now

    3 you to tell me the way to the airport

    4 you to show me a map of this city

(25) **1** tell me how to make an international call

    2 bring me some coffee with sugar and milk

    3 call me a taxi for a 1:30 departure

    4 arrange a guided bus tour for the city

3

次の英文 [A]，[B] を読み，その文意にそって(26)から(30)までの（　）に入れるのに最も適切なものを1，2，3，4の中から一つ選び，その番号を解答用紙の所定欄にマークしなさい。

[A]

Moving Abroad

One day, Sarah's father said that he would go to India for three years because of his job transfer, and he wanted Sarah and her mother to go with him. Sarah's mother (　**26**　). Contrary to her mother, Sarah, who loved experiencing new things, was very excited and thought about her life in the unknown country. Right away, she started learning Hindi to become friends with her future neighbors and classmates.

In April, Sarah left for India with her parents. It was in the middle of summer there and was much hotter than she had expected. Before long, both Sarah and her mother started to suffer from a high fever. Sarah complained to her father about bringing her to such a hot country. However, she soon knew she was wrong. Having known that they (　**27**　), their neighbors visited them and took good care of them. Thanks to them, they got well soon. Now, Sarah has many good friends and thanks her father for bringing her to such a hot but wonderful country.

(26) **1**　got angry that he had quit his job
　　　 2　got very interested in living abroad
　　　 3　was willing to live in a strange country
　　　 4　was full of anxiety about the move

(27) **1**　were sick in bed
　　　 2　liked India very much
　　　 3　wanted to make Indian friends
　　　 4　got used to the climate of India

[B]

Digital Detox

Nowadays, people spend more and more time using digital devices. There're tablets in schools and smartphones in most people's hands. There is a report that many people spend about three hours a day on their smartphones. Though digital devices are essential in daily life, it's also a fact that (*28*). For example, they disturb your sleep, which can have a serious impact on your health. They also decrease your ability to concentrate on your work or studies.

As the harmful effects of overusing digital devices are seen as a problem, digital detox is attracting attention. A digital detox means a period of time when you reduce the amount of time you spend on digital devices. One of the most popular methods is going camping. (*29*), you can reduce stress and sharpen your five senses. It also gives you a chance to communicate with other people directly, not through digital devices.

On the other hand, there are some people who insist that digital detox means little. Research revealed that a short break from digital devices didn't have a positive effect on the level of people's happiness. It also indicated that digital detox even decreased people's communication skills. This theory may be correct, as personal motivation to do a digital detox plays a big role. If a person tries to enjoy a digital detox, he or she will have quality time. On the other hand, for those who (*30*), a digital detox will be nothing more than a painful experience.

(28) 1 they also have various roles
      2 they create various problems
      3 many people try to avoid them
      4 they generate a big profit for companies

(29) 1 Earning a lot of money
      2 Enjoying indoor activities
      3 Spending time in nature
      4 Using your smartphone alone

(30) 1 like the traditional way
      2 receive benefits from it
      3 don't believe its effects
      4 never use digital devices

次の英文 [A]，[B] の内容に関して，*(31)* から *(37)* までの質問に対して最も適切なもの，または文を完成させるのに最も適切なものを 1，2，3，4 の中から一つ選び，その番号を解答用紙の所定欄にマークしなさい。

[A]

From: Ann Price <a-price@greenvillenursinghome.com>
To: Takuro Nelson <tn0505@skymail.com>
Date: October 5
Subject: Thank you very much.
....

Dear Mr. Nelson,

This is Ann Price from Greenville Nursing Home. Thank you for working hard for the residents of our nursing home last Sunday. Everyone enjoyed communicating with the young volunteers from your college. Walking with you around the garden and listening to old songs sung by you made them very happy. I'm sure that they all had a very good time with you. I cannot forget their smiles.

They especially liked making paper cranes. When you said you wanted to teach origami to the residents, I was sure that they would enjoy it. And my guess was perfectly right. Many of them want to learn more about origami to make other animals. I think it was exciting and amusing for them to experience another culture.

Some of the residents wrote letters of thanks to you. Actually, they keep asking me when you will come next. Honestly speaking, I want you to visit them every weekend, but I know it's difficult for you. Could you come to see them on the first and third Sunday of every month instead? Please discuss it with the other members. I'm hoping for a good response.

Sincerely,

Ann Price

(31) What did the young people do at Greenville Nursing Home?

    1   They did a volunteer job with the residents.

    2   They walked around the nursing home.

    3   They made the residents happy with their smiles.

    4   They sang some songs for the residents.

(32) Many residents of the nursing home

    1   want to make other animals of paper.

    2   are making more paper cranes.

    3   work as volunteers twice a month.

    4   will learn about their own culture.

(33) What does Ann ask the volunteers to do?

    1   Write letters to the residents.

    2   Help the staff every weekend.

    3   Volunteer for the residents twice a month.

    4   Send more members to the nursing home.

[B]

Preserved Food

Preserved foods are foods that can be eaten even if they are left for a long period of time. Foods are preserved through different methods such as drying, smoking, and salting. One of the most popular Japanese preserved foods is *tsukemono*, which first appeared in a written record during the Nara period. According to the record, a variety of vegetables, wild grasses, and even fruits were used for *tsukemono*. Until the Edo period, it was so precious and expensive that only noble people could have it.

Another popular Japanese preserved food is *umeboshi*. It is said to have been eaten since the Heian period. At that time, *umeboshi* was taken as a medicine and believed to cure all diseases. In recent years, less salt tends to be used for both *tsukemono* and *umeboshi* as many people think that excessive salt intake causes high blood pressure and brain bleeding. Consequently, low salt *tsukemono* and *umeboshi* needs to be kept in a refrigerator.

There are various preserved foods in the world, too. *Chuños* are freeze-dried potatoes traditionally made in Bolivia and Peru. Potatoes laid on the ground in high altitude areas get frozen in the cold during the night and get dried by the sun during the day. The same thing is repeated until they no longer have any moisture. *Chuños* can be stored for up to five years, which helps people in the case of crop failures.

Another unique preserved food is Kiviak, a traditional dish eaten in Greenland by Inuit people. The most important thing in making Kiviak is a dead seal. The Inuit remove all the meat and inner parts of a seal and put dozens to hundreds of dead sea birds into it. When the seal is filled with sea birds, they sew it closed completely. After that, they just leave it under a rock for three months to more than a year. Kiviak is a special dish for Inuit people.

(34) What is true about *tsukemono* before the Edo period?

    1   Only a few kinds of vegetables were used for *tsukemono*.

    2   People ate it willingly to make themselves healthier.

    3   It spread nationwide and became essential on Japanese tables.

    4   It was eaten only by those who belonged to the upper class.

(35) These days, many people

    1   think that food with a lot of salt results in some kinds of diseases.

    2   believe that *umeboshi* tastes better when eaten chilled.

    3   think that *umeboshi* isn't very good for their health.

    4   believe that *umeboshi* can cure high blood pressure.

(36) What is important to make *Chuños*?

    1   It must be made during the cold winter.

    2   The water to wash the potatoes with must be very cold.

    3   The potatoes must be dried out completely.

    4   The potatoes must be kept in a freezer during the night.

(37) What do the Inuit do to make Kiviak?

    1   They kill a seal that ate dozens to hundreds of sea birds.

    2   They stuff a dead seal with many sea birds.

    3   They mix the meat of sea birds with the inner parts of a seal.

    4   They put the meat of a seal into a sea bird's stomach.

● あなたは，外国人の知り合いから以下のQUESTIONをされました。

● QUESTIONについて，あなたの意見とその<u>理由を2つ</u>英文で書きなさい。

● 語数の目安は50語～60語です。

● 解答は，解答用紙のB面にあるライティング解答欄に書きなさい。なお，<u>解答欄の外に書かれたものは採点されません。</u>

● 解答がQUESTIONに対応していないと判断された場合は，<u>0点と採点されることがあります。</u>QUESTIONをよく読んでから答えてください。

QUESTION

Do you think it is good for animals to live in zoos?

Listening Test

準２級リスニングテストについて

●このリスニングテストには，第１部から第３部まであります。

　★英文はすべて一度しか読まれません。

　　第１部……対話を聞き，その最後の文に対する応答として最も適切な
　　　　　　　ものを，放送される**1**，**2**，**3**の中から一つ選びなさい。

　　第２部……対話を聞き，その質問に対して最も適切なものを**1**，**2**，**3**，
　　　　　　　4の中から一つ選びなさい。

　　第３部……英文を聞き，その質問に対して最も適切なものを**1**，**2**，**3**，
　　　　　　　4の中から一つ選びなさい。

❷*No. 30*のあと，10秒すると試験終了の合図がありますので，筆記用具を
置いてください。

第１部

No. 1〜*No. 10*（選択肢はすべて放送されます。）

No. 11
1 Take her to the mountains.
2 Teach her how to play golf.
3 Drive her to the bakery.
4 Bake bread for her.

No. 12
1 He can't stand the heat.
2 He has never been to the library.
3 He wants to play basketball.
4 He has a high fever.

No. 13
1 See Elly at her cousin's wedding.
2 Spend time with her former classmate.
3 Leave Boston for New York.
4 Go out for dinner with her friend.

No. 14
1 Eat Japanese food.
2 Reserve a table.
3 Learn Japanese.
4 Work at the restaurant.

No. 15
1 Choosing a birthday present for Ellen.
2 Thinking about her new hairstyle.
3 Preparing the bag for a present.
4 Buying a dress for a party.

No. 16 1 He missed his train.

2 He took the wrong train.
3 He lost his train ticket.
4 He left his bag on the train.

No. 17 1 He will go to the bathroom.

2 He will eat chocolate muffins.
3 He will bake chocolate muffins.
4 He will wash his soccer uniform.

No. 18 1 Ask Bridget what to do.

2 Give advice to Julie's sister.
3 Make friends with Bridget again.
4 Talk with Bridget about Julie.

No. 19 1 To receive a parcel from his client.

2 To send the documents again.
3 To blame the mailman for his mistake.
4 To apologize to his client.

No. 20 1 Go to another theater.

2 See a different movie.
3 Sit in separate seats.
4 Wait for the next movie.

予想模試・第2回

No. 21

1 By living near her workplace.
2 By inviting her parents to the restaurant.
3 By changing jobs.
4 By hiring more staff.

No. 22

1 Spend 5 dollars or more in Greenpark Mall.
2 Dine at Albano's Oven three times.
3 Order a set lunch at the new restaurant.
4 Eat lunch at any restaurant in Greenpark Mall.

No. 23

1 He had a meeting with a client.
2 He wasn't well.
3 He got up too late.
4 He went to see a doctor.

No. 24

1 Work part-time at a bookstore.
2 Quit college to work at their cake shop.
3 Earn money to open a second shop.
4 Help them open a new shop.

No. 25
1 It's a traditional long skirt worn by women.
2 It's worn only on special days.
3 It looks like a skirt wrapped around the waist.
4 It has a complex design.

No. 26
1 Study for an hour every day.
2 Use her smartphone for a limited time only.
3 Help her parents after dinner.
4 Use her smartphone only to make a phone call.

No. 27
1 An elephant's 30th birthday.
2 A newcomer to the zoo.
3 The ecology of wild elephants.
4 Today's sunrise and sunset times.

No. 28
1 She was checking airline ticket prices.
2 She was talking with her friend in Japan.
3 She was learning about sightseeing spots in Japan.
4 She was writing an e-mail to Saki.

予想模試・第2回

No. 29

1 It doesn't move at all.

2 It usually balances on one leg.

3 It is often called a "bird statue."

4 It moves mainly when hunting.

No. 30

1 By learning from his host mother.

2 By reading a cookbook.

3 By watching a cooking show.

4 By working at a Japanese restaurant.

英検® 準2級　解答用紙

【注意事項】
①解答には HB の黒鉛筆（シャープペンシルも可）を
　使用し、解答を訂正する場合には消しゴムで完全に
　消してください。
②解答用紙は絶対に汚したり折り曲げたり、所定以外
　のところへの記入はしないでください。

マーク例	良い例	悪い例
	●	◯ ✕ ◐

 これ以下の濃さのマークは
読めません。

解　答　欄				
問題番号	1	2	3	4
(1)	①	②	③	④
(2)	①	②	③	④
(3)	①	②	③	④
(4)	①	②	③	④
(5)	①	②	③	④
(6)	①	②	③	④
(7)	①	②	③	④
(8)	①	②	③	④
(9)	①	②	③	④
(10)	①	②	③	④
(11)	①	②	③	④
(12)	①	②	③	④
(13)	①	②	③	④
(14)	①	②	③	④
(15)	①	②	③	④
(16)	①	②	③	④
(17)	①	②	③	④
(18)	①	②	③	④
(19)	①	②	③	④
(20)	①	②	③	④

（問題番号 (1)～(20) は大問 **1**）

解　答　欄				
問題番号	1	2	3	4
2 (21)	①	②	③	④
(22)	①	②	③	④
(23)	①	②	③	④
(24)	①	②	③	④
(25)	①	②	③	④
3 (26)	①	②	③	④
(27)	①	②	③	④
(28)	①	②	③	④
(29)	①	②	③	④
(30)	①	②	③	④
4 (31)	①	②	③	④
(32)	①	②	③	④
(33)	①	②	③	④
(34)	①	②	③	④
(35)	①	②	③	④
(36)	①	②	③	④
(37)	①	②	③	④

5 の解答欄は
裏面にあります。

リスニング解答欄				
問題番号	1	2	3	4
例題	①	②	●	
No. 1	①	②	③	
No. 2	①	②	③	
No. 3	①	②	③	
No. 4	①	②	③	
第 No. 5	①	②	③	
1 No. 6	①	②	③	
部 No. 7	①	②	③	
No. 8	①	②	③	
No. 9	①	②	③	
No. 10	①	②	③	
No. 11	①	②	③	④
No. 12	①	②	③	④
No. 13	①	②	③	④
第 No. 14	①	②	③	④
2 No. 15	①	②	③	④
部 No. 16	①	②	③	④
No. 17	①	②	③	④
No. 18	①	②	③	④
No. 19	①	②	③	④
No. 20	①	②	③	④
No. 21	①	②	③	④
No. 22	①	②	③	④
No. 23	①	②	③	④
第 No. 24	①	②	③	④
3 No. 25	①	②	③	④
部 No. 26	①	②	③	④
No. 27	①	②	③	④
No. 28	①	②	③	④
No. 29	①	②	③	④
No. 30	①	②	③	④

キリトリ

くり返し解く場合は、コピーをとってご利用ください。

5 　ライティング解答欄

・指示事項を守り、文字は、はっきりと分かりやすく書いてください。
・太枠に囲まれた部分のみが採点の対象です。

5

10

15

英検® 準2級　解答用紙

【注意事項】

①解答には HB の黒鉛筆（シャープペンシルも可）を使用し、解答を訂正する場合には消しゴムで完全に消してください。

②解答用紙は絶対に汚したり折り曲げたり、所定以外のところへの記入はしないでください。

マーク例

	良い例	悪い例
	●	◐ ✕ ◖

 これ以下の濃さのマークは読めません。

解　答　欄		1	2	3	4
問題番号		1	2	3	4
1	(1)	①	②	③	④
	(2)	①	②	③	④
	(3)	①	②	③	④
	(5)	①	②	③	④
	(6)	①	②	③	④
	(7)	①	②	③	④
	(8)	①	②	③	④
	(9)	①	②	③	④
	(10)	①	②	③	④
	(11)	①	②	③	④
	(12)	①	②	③	④
	(13)	①	②	③	④
	(14)	①	②	③	④
	(15)	①	②	③	④
	(16)	①	②	③	④
	(17)	①	②	③	④
	(18)	①	②	③	④
	(19)	①	②	③	④
	(20)	①	②	③	④

解　答　欄		1	2	3	4
問題番号		1	2	3	4
2	(21)	①	②	③	④
	(22)	①	②	③	④
	(23)	①	②	③	④
	(24)	①	②	③	④
	(25)	①	②	③	④
3	(26)	①	②	③	④
	(27)	①	②	③	④
	(28)	①	②	③	④
	(29)	①	②	③	④
	(30)	①	②	③	④
4	(31)	①	②	③	④
	(32)	①	②	③	④
	(33)	①	②	③	④
	(34)	①	②	③	④
	(35)	①	②	③	④
	(36)	①	②	③	④
	(37)	①	②	③	④

5 の解答欄は裏面にあります。

リスニング解答欄

問題番号		1	2	3	4
	例題	①	②	●	
第1部	No. 1	①	②	③	
	No. 2	①	②	③	
	No. 3	①	②	③	
	No. 4	①	②	③	
	No. 5	①	②	③	
	No. 6	①	②	③	
	No. 7	①	②	③	
	No. 8	①	②	③	
	No. 9	①	②	③	
	No. 10	①	②	③	
第2部	No. 11	①	②	③	④
	No. 12	①	②	③	④
	No. 13	①	②	③	④
	No. 14	①	②	③	④
	No. 15	①	②	③	④
	No. 16	①	②	③	④
	No. 17	①	②	③	④
	No. 18	①	②	③	④
	No. 19	①	②	③	④
	No. 20	①	②	③	④
第3部	No. 21	①	②	③	④
	No. 22	①	②	③	④
	No. 23	①	②	③	④
	No. 24	①	②	③	④
	No. 25	①	②	③	④
	No. 26	①	②	③	④
	No. 27	①	②	③	④
	No. 28	①	②	③	④
	No. 29	①	②	③	④
	No. 30	①	②	③	④

キリトリ

くり返し解く場合は、コピーをとってご利用ください。

5　ライティング解答欄

・指示事項を守り、文字は、はっきりと分かりやすく書いてください。
・太枠に囲まれた部分のみが採点の対象です。

くり返し解く場合は、コピーをとってご利用ください。

◀ 矢印の方向に引くと別冊が取り外せます。